W0390715

Britta Bendixen

# Flensburg

## Um drei bei Eduscho!

Geschichten & Anekdoten

Bildnachweis

Titelbild: Bildarchiv Flensburg, Thomas Raake

Ullstein bild-Calle Heesiefors: S. 8; Michael Hancke, www.flensburger-allerlei.de: S. 17, 30, 41, 49, 52, 54; Hans-Jürgen Voß: S. 21; Britta Bendixen: S. 25, 46, 64, 66, 69, 71; Karin Schulz: S. 27; Anke Harms: S. 58; Jan Kirschner: S. 62; Hans-Ruprecht Leiß: S. 77

Hinweis

Zu der Geschichte „Eine holprige Rutschpartie“ hat mich ein Artikel zum Ereignis im Flensburger Tageblatt inspiriert.

Quellen

Ich bedanke mich bei all denen, die ihre Erinnerungen mit mir geteilt haben, sei es in Form von Anekdoten, aus denen ich eine Geschichte machen durfte, wie z. B. die von Hans-Jürgen Vosgerau („Die letzte Fahrt“) oder in Form von Bildern, die die alten Zeiten wieder auferstehen ließen. Außerdem danke ich meiner Familie für die tolle Unterstützung während der Arbeit an diesem Buch.

1. Auflage 2016
Alle Rechte vorbehalten, auch die des auszugsweisen Nachdrucks und der fotomechanischen Wiedergabe.
Layout: Da Forma Agentur für Gestaltung, Gudensberg
Satz: Schneider Professionell Design, Schlüchtern-Elm
Druck: Zimmermann Druck + Verlag GmbH, Balve
Buchbinderische Verarbeitung: Buchbinderei S. R. Büge, Celle
© Wartberg Verlag GmbH & Co. KG
34281 Gudensberg-Gleichen, Im Wiesental 1
Tel. 0 56 03 - 9 30 50 www.wartberg-verlag.de
ISBN 978-3-8313-2148-3

# Inhalt

# Vorwort

Flensburg, diese über 700 Jahre alte norddeutsche Perle mit skandinavischem Flair, ist meine Heimat. Ich bin aufgewachsen mit der Möglichkeit, „mal eben“ über die Grenze nach Dänemark zu fahren oder mich am Strand zu sonnen und in der Ostsee zu baden.
Flensburg ist im restlichen Deutschland durchaus bekannt – und doch auch wieder nicht. Hören Nicht-Flensburger den Namen unserer Stadt, denken sie zunächst einmal an die unbeliebten Punkte, die das Kraftfahrt-Bundesamt in der Verkehrssünderkartei verwaltet. Handballfans ist natürlich auch die SG Flensburg-Handewitt ein Begriff, die sich in den vergangenen zwanzig Jahren in der europäischen Sportwelt einigen Respekt verschafft hat.
Als Nächstes wird vom Nicht-Flensburger mit einem Augenzwinkern der Name Beate Uhse genannt. Schließlich wurde über die erfolgreiche Erotik-Pionierin und ihren wirtschaftlichen Aufstieg sogar ein Film gedreht. Zudem ist Flensburg für sein würziges Bier und den traditionsreichen Rum bekannt.
Und die Einheimischen? Nun, die leben dort, wo andere Urlaub machen. Das ist eine Tatsache. Hier findet man Strände, skandinavisches Flair, historische Gassen, Gebäude und Höfe, die zu ausgedehnten Spaziergängen einladen, sowie die Nähe zu den Nordseeinseln. Aber die Flensburger leben nicht nur in ihrer malerischen Fördestadt, sie arbeiten, hecken Streiche aus, haben ihren ersten Liebeskummer, treffen Freunde fürs Leben und erleben abenteuerliche oder verrückte Dinge. All das mit dem typisch trockenen Humor, der uns Nordlichter ausmacht.
In diesem Buch finden Sie unterhaltsame Geschichten über Flensburg und seine Einwohner, die so oder ähnlich passiert

sind oder passiert sein könnten. Wie beispielsweise die Ballonfahrt über der Ostsee, die anders endete als geplant, oder die letzte Fahrt der Straßenbahn, die emotionaler und feierlicher war, als wir uns heute vorstellen können.
Kommen Sie mit auf eine spannende Zeitreise, musikalisch untermalt von Mudder Ömchen und ihrem Leierkasten. Gemeinsam fahren wir auf dem historischen Dampfschiff „Alexandra“ bis hinaus nach Glücksburg, erleben als Zuschauer ein Handballspiel der SG Flensburg-Handewitt und bestaunen die baumelnden Schuhe, die aus der Norderstraße eine Sehenswürdigkeit gemacht haben. Wir erinnern uns an die Zeiten, als es an fast jeder Straßenecke einen Kiosk gab, als Flensburg fast im Schnee versank und man Hertie über die ZOB-Brücke erreichte. Haben Sie Lust, mich zu begleiten? Na, dann los! Ich wünsche Ihnen viel Vergnügen beim Eintauchen in die „gute alte Zeit“.

*Herzlichst*
*Britta Bendixen*

# Bestellt und schon bezahlt

In der Bahnhofstraße in Flensburg war es ungewöhnlich laut in diesem Sommer 1956, denn hier entstand das neue Arbeitsamt. Tiefbauarbeiter und Handwerker gruben, hämmerten und bohrten, was das Zeug hielt.

Herr Clausen stand wutschnaubend am geschlossenen Wohnzimmerfenster, dessen Scheibe bei dem Radau vibrierte und sah hinunter auf die Baustelle. Er hatte die Zeigefinger in die Ohren gesteckt, doch den Lärm hörte er trotzdem, und mit jedem Bummern des Presslufthammers schwoll die Ader an seiner Schläfe mehr an. Er beschloss, seinem Ärger Luft zu machen und stürmte, so schnell ihn sein Rheuma eben stürmen ließ, ins Treppenhaus, wo es wie meistens nach Bohnerwachs und Mittagsgerichten roch. Diesmal nach Kohlrouladen. Im ersten Stock kam gerade die resolute Witwe Petersen aus ihrer Wohnung. Wie immer, wenn sie ihren Mann auf dem Friedhof besuchen wollte, trug sie den dunkelgrünen Hut, der ihr nicht gerade schmeichelte.

„Na, wo soll'n Sie denn so erzürnt drauflos?", fragte sie neugierig, wie es nun mal ihre Art war. Herr Clausen sagte es ihr und sie nickte bekräftigend. „Da komm ich mit", beschloss sie sofort. „Der Lärm macht mir so Kopfweh, dass ich nachts kein Auge zutun kann."

Aus dem Hochparterrefenster hing Frau Brodersen. Damit sie es weich hatte, lag ein Sofakissen unter ihrem ausladenden Busen. Der Staub und der Lärm schienen ihr nichts auszumachen.

„Moin, Hanne!", brüllte Witwe Petersen gegen eine Bohrmaschine an. „Sach ma, stört dich der Krach gar nicht!?"

„Wa?" Hanne Brodersen hielt sich eine Hand hinters Ohr. Die Witwe winkte ab und informierte Herrn Clausen. „Die hat ihr

Hörgerät nich drin. Die Glückliche!“ Ein neidischer Stoßseufzer entrang sich der Witwenbrust.
Je näher sie der Baustelle kamen, umso lauter wurde es. Energisch trat Herr Clausen auf einen Tiefarbeiter zu und tippte ihm auf die Schulter. „Sie! Hören Sie mal!“
Der Mann drehte sich um. Sein Gesicht und die nackten Unterarme waren mit einer schmutzigen Schweißschicht bedeckt. „Moin. Was gibt's?“, rief er und machte seinem Kollegen ein Zeichen, woraufhin der Presslufthammer verstummte.
Gleichzeitig begannen die beiden Anwohner zu schimpfen. Rudi Hansen flogen Worte wie „Lärm“, „Frechheit“ und „Ruhezeiten“ um die Ohren. Besänftigend hob er beide Hände und wartete, bis die Herrschaften fertig waren. Dann zündete er sich eine Zigarette an. „Hören Sie, ich weiß, dass das nicht so toll ist für Sie. Aber wir haben Termine, die wir einhalten müssen, da kann es schon vorkommen, dass wir mal 'ne halbe Stunde in die Mittagspause reinrutschen.“
Clausen wollte empört etwas erwidern, doch Rudi kam ihm zuvor. „Sehen Sie das doch so: Je mehr wir pro Tag schaffen, umso schneller sind die Arbeiten beendet und Sie haben wieder Ihre Ruhe.“ Nur unwesentlich besänftigt zogen die beiden Nachbarn von dannen und der Presslufthammer dröhnte von Neuem.

Während der kurzen Pause am Nachmittag erzählte Rudi Hansen bei einem Flensburger Bierchen seinen Kollegen von der Beschwerde der Anwohner. Peter Nielsen machte den Vorschlag, dass Musik die Stimmung vielleicht verbessern könnte. „Sollen wir etwa gegen den Baulärm ansingen?“, erkundigte sich Rudi ironisch.
Peter schüttelte den Kopf. „Ich hab an Mudder Ömchen gedacht.“ Die anderen überlegten. Mudder Ömchen, eigentlich

Elsa Oehmigen, war die stadtbekannte Leierkastenfrau, die meist in der Flensburger Innenstadt zu finden war, wo sie für ein paar Groschen „La Paloma“ spielte und manchmal auch dazu sang. Sie hatte eine große Fangemeinde, auch wenn ihr Drehorgel-Repertoire nur dieses eine Lied beinhaltete.

Ein Leierkastenmann im Berlin der 70er-Jahre. Frauen waren in dieser Branche selten.

Peters Vorschlag fand Zustimmung. Rudi ließ einen Bauhelm herumgehen und Peter bekam das gespendete Geld mit dem Auftrag, Mudder Ömchen für den nächsten Tag zu engagieren. Mit einem zufriedenen „Prost!“ tranken sie auf ihre gute Idee. Am nächsten Morgen um sieben Uhr bezog Mudder Ömchen wie abgemacht Stellung in der Bahnhofstraße und begann zu spielen. Die Bauarbeiter pfiffen fröhlich dazu, die Stimmung war ausgelassen. Doch schon um halb neun hatte Herr Clausen ge-

nug von „La Paloma, ohe!“. Mit erneut geschwollener Ader an der Schläfe steuerte er Mudder Ömchen an. „Verschwinde mit deinem Dudelkasten!“, befahl er grob und wedelte mit seinem Zeigefinger vor ihrem Gesicht herum. „Ich ertrage das Geplärre nicht länger. Baulärm und Leierkasten, das halten meine Nerven keine Minute mehr aus!“
Doch sie schüttelte den grauen Kopf und ihre hellen Augen funkelten, während sie weiter ihre Drehorgel bediente. „Kommt nicht infrage. Ich bin bestellt und schon bezahlt.“
Und sie spielte tatsächlich den ganzen Tag.

## Stromlos glücklich

Am östlichen Stadtrand, im Weesrieser Weg, entstand nach dem Krieg ein Häuschen, etwas abgelegen. Ein paar Zimmer hinter weißem Putz, dazu Waschküche und Garten. Zu einer Zeit, in der man froh sein musste, überhaupt ein Dach über dem Kopf zu haben, machte man sich keine Gedanken um Wasser- oder Stromleitungen, sondern nur darüber, wie man täglich die familiären Mäuler gestopft bekam.
1951 verkaufte der Erbauer sein Heim an die Familie Delfs. Hermann Delfs erkundigte sich einige Zeit nach dem Einzug, wie viel es ihn kosten würde, das Haus an das Stromnetz der Flensburger Stadtwerke anschließen zu lassen. Da dieses aber dreihundert Meter von seinem Haus entfernt endete und zudem der Erbauer seinerzeit keine Leitungen gelegt hatte, wäre eine Anbindung sehr kostspielig geworden. Diese Aufrüstung ins moderne Zeitalter konnte sich Familie Delfs damals nicht leisten, also blieb alles, wie es war.

Die Zeit des Wirtschaftswunders kam. Waschmaschinen, Kühlschränke, die nach den mageren Nachkriegsjahren endlich gut gefüllt waren, oder auch Bügeleisen wurden angenehme Helfer in deutschen Haushalten. Fließendes Wasser war sowieso vorhanden.

Im Weesrieser Weg 20 jedoch tickten die Uhren noch anders. Marie Delfs, Hermanns Frau, versorgte die Familie nach wie vor auf die althergebrachte Weise. Statt elektrischem Licht spendeten Propangaslampen gemütliche Helligkeit. Ein Kohleofen sorgte für Wärme. Hermann Delfs pumpte täglich das köstliche und klare Brunnenwasser aus der Waschküche, in der Marie Delfs die Kleidung der Familie wusch. Die bestand inzwischen aus ihr, ihrem Mann, den vier Kindern und ihrer Schwiegermutter. Das bedeutete harte Arbeit, doch Marie beklagte sich nicht. Sie war der Meinung, ein Haus ohne elektrisches Licht würde zur Ordnung erziehen, da man wissen müsse, wo alles liegt. Im Dunkeln suche es sich schlecht. Und das Brunnenwasser sei sowieso viel besser als das aus den städtischen Leitungen.

In trockenen Sommern freuten sich die Kinder auf den Besuch der Feuerwehr aus Engelsby. Nein, nein, es brannte nicht bei Familie Delfs. Von den Feuerwehrleuten wurde nur der leer geschöpfte Brunnen wieder aufgefüllt.

Die Kinder wurden groß und zogen nach und nach aus. Schließlich wohnten nur noch Marie, Hermann und seine Mutter Anna in dem Haus, das Ende der 70er-Jahre in den Augen der Flensburger ein echtes Kuriosum war. Dinge wie Radio und Fernsehen, elektrische Rasierapparate oder Tiefkühltruhen waren in allen anderen Haushalten mittlerweile so selbstverständlich geworden, dass die rückständige Lebensweise der Familie Delfs seltsam anmutete. Ein Stückchen Vergangenheit in der technisierten neuen Welt. Marie und Hermann störte das nicht. Sie waren es nicht anders gewohnt und lebten gut mit dem, was sie hatten. Als Mutter Anna stolze neunzig Jahre alt wurde, kam sogar ein Reporter im Weesrieser Weg am Rande des Landschaftsschutzgebietes vorbei, um zum runden Geburtstag zu gratulieren und zu fragen, warum Familie Delfs nicht umziehe, um es etwas leichter zu haben. „Nur wegen etwas weniger Arbeit ziehen wir nicht um", erklärten alle drei Bewohner. Sie seien glücklich und zufrieden. Der wenige Jahre zuvor pensionierte Kranführer Hermann Delfs befürchtete gar Langeweile, wenn er nicht mehr täglich das Brunnenwasser pumpen müsse. Sie würden bleiben, so lange sie körperlich noch in der Lage seien, ihren anstrengenden Alltag zu bewältigen, sagte das Ehepaar Delfs entschlossen.

Der Reporter hatte sich im Vorwege bei den Stadtwerken erkundigt, wieso es ein Haus in Flensburg gab, das nicht an das städtische Netz angeschlossen sei. Der Direktor meinte, das sei eigentlich unmöglich. Bei einer Überprüfung ergab sich aber, dass nie ein Antrag auf Versorgung gestellt worden war. Das Haus Weesrieser Weg 20 war für die Stadtwerke schlicht nicht existent.

Noch zehn Jahre lebten Hermann und Marie Delfs in ihrem kleinen Paradies mit Ofen, Brunnen und Gaslampen. Dann starb Hermann und Marie verkaufte das Haus schweren Herzens. Sie war inzwischen doch etwas zu gebrechlich, um alles allein schaffen zu können. Jahre später brach ein Feuer aus und das Haus wurde völlig zerstört. Inzwischen ist nicht einmal mehr zu erahnen, dass an jener Stelle einst ein kleines weißes Haus stand, das es sogar in die Zeitung geschafft hatte, weil es anders war als alle anderen.

Eben etwas Besonderes.

# Eine holprige Rutschpartie

Mit einem verstohlenen Gähnen wienerte Bärbel am frühen Morgen des 20. November 1970 die Theke der Gaststätte im Hotel „Angler Hof" in der Angelburger Straße. Die 15-Jährige machte eine Lehre zur Köchin und hatte von der Chefin Frau Dierks die Aufgabe erhalten, der ältlichen Putzfrau Marga zu helfen, bevor sie sich in der Küche nützlich machte. Marga feudelte den Fußboden, sodass die dunklen Holzdielen feucht glänzten. Die Stille im Raum wurde nur durch Margas angestrengten Atem und das rhythmische Ticken der Wanduhr durchbrochen. Es war noch nicht einmal halb acht.

„Wo steckt der Ulli eigentlich?", fragte Bärbel. Der ein Jahr ältere Ulrich machte ebenso wie sie seine Lehre im „Angler Hof" und Bärbel schwärmte ein bisschen für ihn. Sein unbeschwertes Lachen und das übermütige Funkeln seiner blauen Augen gefielen ihr und seine Nähe ließ immer wieder die Schmetterlinge in ihrem Bauch flattern.

„Woherr ich soll wissen? Vielleicht gearbeitet lange gestern und heit längerr schlafen", mutmaßte die alte Marga. Bärbel wusste, dass die Putzfrau aus Böhmen kam und deshalb etwas merkwürdig sprach. Doch Bärbel hörte es gern. Gerade wollte sie etwas erwidern, als ein merkwürdiges Knistern an ihr Ohr drang. Da! Noch einmal. Es knackte leise.

„Marga, hast du das gehört?"

„No, ich nix geheert. Ohren frieher besserr. Was warr, Mädli?"

Etwas veranlasste Bärbel, nach oben zu sehen. Die Decke schien sich zu bewegen. Das konnte doch nur eine Halluzination sein. Bärbel schüttelte unwillig den Kopf, blinzelte und sah noch einmal hin. Wieder war deutlich zu sehen, dass sich dort etwas tat. Sie bildete es sich bestimmt nicht ein. Entgeistert riss

sie die Augen auf. Die Decke verschob sich, begleitet von weiterem Knistern und Knacken. Was um alles in der Welt hatte das zu bedeuten? Bärbels Herz begann zu rasen. Da stimmte etwas ganz und gar nicht.
„Marga, komm schnell! Wir müssen hier raus!“, rief sie, warf den Lederlappen in die glänzende Spüle und kam eilig hinter dem Tresen hervor. Marga richtete sich stöhnend auf und sah Bärbel mit gerunzelter Stirn entgegen. Eine ihrer abgearbeiteten Hände stützte das schmerzende Kreuz.
„Mädli, nicht da gähän!“, schimpfte sie und zeigte auf den Boden. „Ist noch feicht!“
„Egal. Komm schnell“, drängte Bärbel, nahm Marga am Ellenbogen und führte sie zum Ausgang. „Ich glaube, das Hotel bricht zusammen.“
„Jessasmaria!“ Marga bekreuzigte sich und folgte Bärbel. Sie konnte nicht sehr schnell gehen, humpelte ein wenig. Das Knistern und Knacken wurde lauter, verwandelte sich in ein leises Krachen.
„Schneller, Marga!“, flehte Bärbel.
Endlich erreichten sie die Tür, die nach draußen führte. Bärbel atmete auf und trat mit Marga auf die Straße. Glücklicherweise waren derzeit keine Gäste im Hotel, die sie aus den Betten hätten scheuchen müssen. Bärbel sah sich um, ihre Augen suchten vergeblich nach Ulrich. Wo konnte er sein? War es wirklich möglich, dass er noch schlief?
Sie führte Marga so schnell wie möglich hinüber auf die andere Straßenseite, war jedoch mit den Gedanken die ganze Zeit bei dem lebenslustigen Kochlehrling mit dem unbekümmerten Grinsen. Der Gedanke, dass Ulli etwas geschah, war unerträglich. Sie musste etwas unternehmen. Vielleicht war es gefährlich, doch wenn sie untätig blieb, würde sie sich das nie verzeihen.

„Ich muss zurück, Marga, und Ulli holen“, sagte sie entschlossen, doch die Putzfrau hielt ihren Arm fest und wies mit der freien Hand in die Richtung, aus der sie gerade gekommen waren. Bärbel drehte sich auf dem Absatz herum.
Neben dem Hotel war vor einiger Zeit eine Baugrube ausgehoben worden. Mehrere Bauarbeiter, die schon im Morgengrauen mit der täglichen Arbeit hatten anfangen wollen, blickten entsetzt an dem Hotelgebäude hoch. Aufgeregte Rufe erklangen und Bärbel erkannte, dass sich die Hauswand zu wölben begann. Wie ein Ballon aus Stein, der sich aufblähte. Es sah gespenstisch aus. Die Arbeiter spürten wohl, dass die Zeit zu knapp war, um die Grube zu verlassen. Sie zogen die Köpfe ein und gingen eiligst in Deckung. Bärbel hob entsetzt beide Hände vor den Mund. Die morgendliche Novemberkälte bemerkte sie gar nicht. Neben ihr murmelte Marga immer wieder das Vaterunser.
„Das Hotel stürzt ein“, wisperte Bärbel mit schreckgeweiteten Augen. „Es stürzt tatsächlich ein. Oh, Ulli ...“ Sie sah sich noch einmal nach ihm um. Vergeblich. Er war nicht zu sehen, stand nicht zwischen den Passanten, die zu dem Gebäude hochstarrten, aufgeregt tuschelten und fassungslos den Kopf schüttelten.
Bärbels Blick verschleierte sich und ihr Kinn fing an zu zittern. Wie gern wäre sie zurückgelaufen, um Ulli zu holen, doch sie sah ein, dass es zu gefährlich war. Nun half nur noch beten.
Sekunden später begann sich die Außenwand wie in Zeitlupe zu neigen. Bärbel hielt die Luft an. Mit einem ohrenbetäubenden Getöse brach die Wand zusammen und stürzte nach unten. Es war so laut, dass die panischen Rufe der umstehenden Zuschauer in dem Lärm kaum zu hören waren. Steine, Balken und Geröll krachten in die Baugrube, Matratzen und Heizkörper flogen hinterher. Alles fiel auf die Arbeiter, die vor Schreck auf-

schrien und sich irgendwie zu schützen versuchten. Eine riesige Staubwolke verschluckte alles: die Grube, die Männer darin und die Sicht auf das, was von dem Hotel noch übrig war.
Bärbel liefen Tränen die Wangen hinunter, ihre Hände umklammerten inzwischen den mageren Arm von Marga, die angstvoll zitterte. „Wie im Kriech“, wisperte die alte Frau immer wieder. „Alles kaputt. Jenau wie im Kriech.“
Als der Staub sich legte, gab er den Blick frei auf das Innere eines Zimmers, vor dem eine weihnachtliche Lichterkette baumelte. Ein Waschbecken war zu sehen, ein Spiegel darüber und genau an der Hauskante stand – ein Bett. Darin saß jemand! Es war noch zu dunkel, um viel zu erkennen, doch Bärbel wusste sofort, wer es war. Automatisch formten ihre Hände einen Trichter um ihren Mund. „Ulli!“
Er wandte den Kopf in ihre Richtung. Doch bevor er etwas sagen oder tun konnte, senkte sich der Boden und wurde zu einer Rutschbahn. Das Bett neigte sich nach unten, als wolle es neugierig in die Tiefe sehen – und verlor das Gleichgewicht. Mit einem lauten „Aaaaahhhhh!!“ stürzte Ulrich mitsamt seinem Bett die Schräge hinunter und hinein in die Grube. Es rumste und krachte fürchterlich, als das Möbelstück zwischen Mauerresten, Brettern, Balken und Geröll zum Stehen kam.
Die darauf folgende Stille war beängstigend. Bärbel stand da wie betäubt, unfähig zu begreifen, was geschehen war. Ihre Beine zitterten, waren weich wie heißer Vanillepudding. Die Passanten, die um sie herumstanden, reagierten schneller. Mehrere Männer rannten hinüber zur Unglücksstelle und begannen, nach Ulli und den anderen Verschütteten zu suchen. Aufgeregte Rufe hallten durch den dämmrigen Herbstmorgen. Hände griffen nach Mauerresten, Steine polterten und Bärbel, die langsam aus ihrer Starre erwachte, machte Anstalten, über die Straße zu laufen.

Marga ergriff ihren Unterarm. „Bleib. Lass wiehlen die Männerr. Besserr so“, sagte sie bestimmt. Widerstrebend gehorchte Bärbel.
Nach und nach krabbelten die Arbeiter aus der Grube und stolperten auf die Straße. Sie waren voller Staub und sichtlich benommen, doch offenbar unverletzt. Bärbel sah wieder dorthin, wo Passanten und Anwohner sich bemühten, Ulrich zu finden. Hoffentlich lebte er noch! Bitte, lieber Gott, dachte Bärbel flehend, mach, dass es ihm gut geht. Ängstlich schloss sie die Augen, lauschte dem Spektakel um sie herum. Auf die Stimmen und die Geräusche der auf dem Boden landenden Steine und Bretter. Endlich erscholl der befreiende Ruf. „Wir haben ihn!“
Noch immer umschlossen Margas Finger Bärbels Arm mit der weißen Bluse. Doch nun hielt das Mädchen nichts mehr. Es riss sich los und flitzte über die Straße. Von zwei Männern gestützt wankte Ulrich den Rand der Grube hinauf. Sein hellblauer Schlafanzug war staubig, verschmutzt und mit Rissen übersät. Auch das sonst so fröhliche Gesicht sah etwas zerbeult aus, doch als Ulrich oben angekommen war und Bärbel erblickte, funkelten seine Augen fast so übermütig wie sonst.
„Nur ein paar Beulen und blaue Flecke“, krächzte er und hustete. Seine Stimme klang, als hätte er jede Menge Staub geschluckt. Ungestüm fiel Bärbel ihm um den Hals. „Ich hab solche Angst gehabt“, wisperte sie und schluchzte vor Erleichterung darüber, dass er wohlauf war.
„Wieso denn?“, fragte er und drückte sie fest an sich. „War doch bloß eine etwas holprige Rutschpartie. So was mache ich mindestens einmal in der Woche.“
Da konnte Bärbel schon wieder lachen.

# Die letzte Fahrt

War es jemals so voll gewesen auf dem Platz vor dem Bahnhofsgebäude? Hans-Jürgen konnte sich nicht erinnern. Aber heute war ja auch ein besonderer Tag. Ein besonders tragischer in den Augen vieler Flensburger. Denn heute, am Sonntag, dem dritten Juni 1973, würde die Straßenbahn zu ihrer allerletzten Fahrt aufbrechen. Hans-Jürgen war Reporter und sollte über dieses Ereignis berichten. Also setzte er sich links von der überfüllten Treppe auf die sonnenwarme, hüfthohe Mauer, zückte seinen Schreibblock und sah sich um. Viele Flensburger hatten ihre Kinder mitgebracht, wollten mit ihnen gemeinsam diese historische Fahrt erleben. Die Größeren zappelten aufgeregt an Mamas Hand, die Kleineren quengelten zum Teil, sie wirkten ängstlich anhand der Menschenmassen um sie herum und der unruhigen Stimmung, die hier herrschte.

Bahnhof Flensburg: An einem sonnigen Junitag brach die Straßenbahn zu ihrer letzten Fahrt auf.

Hans-Jürgen hatte bereits vorgearbeitet, indem er an seinem Schreibtisch zu Hause die Fakten über die Geschichte der Flensburger Straßenbahn notiert hatte. Dass es ganz früher – ab 1881 – noch eine Pferdebahn gewesen war, die die Bürger von der Apenrader Straße in der Neustadt bis zur Angelburger Straße kutschiert hatte. Erst 1907 wurde sie von der elektrischen Straßenbahn abgelöst. In den folgenden Jahren beförderte diese die Flensburger quer durch die Stadt, bis hinauf zur Marineschule Mürwik. Ende der 50er-Jahre wurden einige Linien durch Busse ersetzt, doch die Linie 1 vom Ostseebadweg zum Bahnhof blieb erhalten. Bis heute.
Hans-Jürgen beobachtete, dass ein paar Ältere sich die Nase schnäuzten oder Tränen von den Wangen wischten. Nicht jeder begrüßte das Neue und Moderne freudig. Eine Ära ging zu Ende und das stimmte viele Flensburger traurig.
„Wenn ich groß bin, will ich Straßenbahnfahrer werden", hörte Hans-Jürgen einen kleinen Jungen mit stolzgeschwellter Brust sagen. Die Mundwinkel des Mannes neben dem Jungen zuckten.
„Tscha, hier in Flensburg wird das wohl nix werden, mien Jung", bedauerte er und hob den Kleinen auf seinen Arm. Sein Blick glitt hinüber zu den orangefarbenen Bussen, die bereits zur Ablösung der Straßenbahn bereitstanden.
Verglichen mit der sanften Ovalform der alten Bahnen wirkten sie mit ihrer quadratisch-kantigen Erscheinung ernst und humorlos, fand Hans-Jürgen. Auch er würde die gute alte Straßenbahn vermissen.
Der Vater des Jungen versuchte seinen enttäuscht dreinblickenden Sohn zu trösten. „Aber Busfahrer ist ja vielleicht auch nicht schlecht. Sieh mal, die Farbe ist so ähnlich wie bei einem Feuerwehrwagen. Die magst du doch so gern."

Da lächelte der Junge und nickte zustimmend.
Hans-Jürgen entdeckte einen Mann, der einen großen Trauerkranz mit einer weißen Schleife hielt. „Deine trauernden Bürger“ stand darauf und die anklagende Frage „Warum“? Die Flensburger waren mehrheitlich für den Erhalt der Bahn gewesen, dennoch musste sie den modernen Bussen weichen. Hans-Jürgen seufzte und notierte den Kranztext in seinem Block.
Ein Rumpeln und Quietschen kündigte die Ankunft der Bahn an und in die Menge unterhalb und auf der Treppe kam Bewegung. Jeder wollte möglichst günstig stehen, um vielleicht sogar noch einen Sitzplatz zu ergattern. Drei Bahnen näherten sich hintereinander der Haltestelle. An den Längsseiten stand wie üblich Reklame, diesmal für Milch, Jacobs Kaffee und eine Flensburger Firma. Jeder einzelne der hellgelben Wagen war mit Girlanden geschmückt, die rund um die drei Windschutzscheiben befestigt worden waren. Oben, dort wo sonst das Fahrziel angezeigt wurde, verkündete ein schlichtes weißes Papp-Schild die „Letzte Fahrt“. Die Wagen hielten und entließen die Passagiere, die bis hierher mitgefahren waren.
Hans-Jürgen steckte seinen Block ein und mischte sich in das Gedränge am Bahnsteig. Geschickt schlüpfte er zwischen anderen Passanten in den vorderen Wagen, stand dicht gedrängt inmitten vieler anderer, die Hand an einer Haltestange, in der Nase den Geruch von Parfüm und Schweiß. Letzterer machte sich deutlicher bemerkbar, was angesichts der sommerlichen Temperaturen und der Menschenmassen nicht verwunderlich war. Hans-Jürgen bemühte sich, durch den Mund zu atmen. Heute hatte der Fahrer nicht seine mobile Kleingeld-Kasse umgehängt, denn diese letzte Fahrt kostete die Fahrgäste nichts. Trotz dieser guten Nachricht trugen viele zu Ehren „ihrer“ Linie 1 einen Trauerflor am Ärmel oder dunkle Kleidung.

Eine Blaskapelle begann zu spielen, als der vorn stehende Wagen sich in Bewegung setzte. Ein schwarz-weißer Polizeiwagen machte die Vorhut, als die Fahrt begann. Kinder winkten vergnügt an den Fenstern, die Zurückgebliebenen klatschten und ihre jubelnden Abschiedsgrüße mischten sich unter das schwungvoll vorgetragene Lied der Blaskapelle. Hans-Jürgen musste schlucken. Was für ein feierlicher, sentimentaler Moment. Noch viereinhalb Kilometer, dann gehörte die elektrische Straßenbahn endgültig der Vergangenheit an.
Sie ließen den Bahnhof hinter sich und erreichten wenig später die sogenannte Schuster-Kurve. Hier war, so wusste Hans-Jürgen, ein Straßenbahnfahrer namens Schuster einmal so rasant herumgefahren, dass er die Bahn gegen einen Baum gesetzt hatte. Wie Herr Schuster es wohl fand, dass sein Missgeschick auf diese Weise „geehrt" wurde?
Weiter ging es, am Munketoft vorbei zum Deutschen Haus. Viele winkten ihnen zu, als sie von dort in die Dr.-Todsen-Straße einbogen und den Südermarkt mit der imposanten Nikolaikirche ansteuerten. An Wochenmarkttagen hatte die Bahn unmittelbar neben Obst- und Gemüseständen angehalten und kaufwillige Hausfrauen abgesetzt, deren leere Körbe auf der späteren Rückfahrt mit Tomaten, Kartoffeln oder Äpfeln gefüllt waren. Auch die Wochenmarkt-Kunden würden von nun an den Bus nehmen müssen.
Die Busse würden allerdings nicht mehr quer durch die Innenstadt fahren. Nach dem Ende der Straßenbahn sollten Holm und Große Straße zur Fußgängerzone umgewandelt werden. Heute, am Sonntag, war es zwar relativ ruhig, doch wenn Hans-Jürgen an die Wochentage dachte, an denen es hier von Menschen wimmelte, die der Bahn ausweichen mussten, erschien ihm diese Maßnahme durchaus sinnvoll.

Sie erreichten die Kreuzung Rathausstraße und damit das Revier des legendären Schutzmanns Zackig, der den Verkehr regelte. Mit dem Einführen einer Fußgängerzone würde er wohl über kurz oder lang nicht mehr benötigt werden, vermutete Hans-Jürgen.

Sie näherten sich nun den mittelalterlich anmutenden Schrangen nahe der Marienkirche und dann dem Nordermarkt mit dem markanten Neptun-Brunnen. Von dort ging es weiter durch die Norderstraße bis hin zum Nordertor, das seine Funktion als Stadttor mit der Gründung der Neustadt verwirkt hatte und jetzt immerhin das bekannteste Wahrzeichen Flensburgs war.

Straßenbahnwagen Nr. 37 biegt, vom Südermarkt kommend, in die Dr.-Todsen-Straße ein.

Die Straßenbahn fuhr – begleitet von einem grellen Quietschen – rechts am Tor vorbei. Viele Anwohner, die das durchdringende Geräusch vielleicht häufig zum Deibel gewünscht hatten, würden es möglicherweise nun bald vermissen.

Die Straßenbahn fuhr nicht durch das Nordertor hindurch, sondern laut quietschend drumherum.

Hans-Jürgen lächelte schief. Vielleicht aber auch nicht. Es war wirklich ohrenbetäubend. Die meisten Leute, die hier lebten, würden sicherlich erleichtert sein.

Das Nordertor lag nun hinter ihnen und damit war die Fahrt fast vorbei. Denn heute würde die Bahn nicht wie üblich bis zu dem Kiosk am Ostseebad fahren, sondern vorher am Straßenbahn-Depot in der Apenrader Straße anhalten.

Und das war es dann.

Schon steuerte die Linie 1 das Depot an und hielt. Die Türen öffneten sich und die Menschen stiegen aus, still, mit ernsten Mienen und gesenkten Köpfen. Auch hier stand eine kleine Blaskapelle. Im Gegensatz zu der am Bahnhof spielte sie jedoch kein schwungvolles Gute-Laune-Lied, sondern ein Stück, das Hans-Jürgen an eine Beerdigung erinnerte. Ihm wurde richtig das Herz ein bisschen schwer, als er sich noch einmal zur Straßenbahn herumdrehte. Einige Passagiere legten eine Hand gegen das Fahrzeug, eine traurige Geste des Abschieds. Eine junge Frau schluchzte leise. Der Mann daneben legte ihr tröstend einen Arm um die Schulter.
Hans-Jürgen wandte den Blick ab und blinzelte. Ihm musste irgendetwas ins Auge geflogen sein …

## Schrebergartenidylle

Wenn man in einer Mietwohnung lebt, gibt es zwei Möglichkeiten: Man findet sich damit ab, dass bestenfalls ein Balkon für privates Draußensitzen zur Verfügung steht, oder man pachtet einen Schrebergarten. Das Ehepaar Jensen hatte sich in den frühen 70er-Jahren für die zweite Möglichkeit entschieden. Wochenenden und Urlaubstage genoss man während der wärmeren Jahreszeit von da an in der Gartenkolonie an der Ecke Stille Liebe / Grüner Weg. Hier, unter dieser hübschen Adresse, entspannte sich das Ehepaar Jensen zwischen Bienen, Blumen und Schmetterlingen auf der sonnigen Terrasse vor der Gartenlaube oder mitten in den Beeten, beim Pflanzen, Unkraut zupfen oder Ernten. Das war ein erholsames Kontrastprogramm zur anstrengenden Arbeitswoche.

Für Sohn Marco und Tochter Birgit war der Garten auf andere Weise ein Paradies. Als sie noch klein waren, wurden sie, wenn das Wochenende begann, in die Kindersitze vor die Fahrradlenker gesetzt. Diese Sitze hatten Ähnlichkeit mit einem Nudelsieb und waren im Vergleich zu den heutigen Hightech-Kindersitzen brandgefährlich. Sicherheitsgurte oder Helme, wie wir sie heute kennen, gab es auch nicht. Aber es war praktisch. So war man schneller am Ziel, als wenn man zu Fuß gehen würde. Als aber die Kinder für den Fahrradsitz zu groß wurden, wurde der Weg per pedes zurückgelegt. Familie Jensen wohnte im Stadtteil Duburg und von der Margarethenstraße bis zum Schrebergarten in der Nähe der Westerallee war es ein ganzes Stück. Doch man eilte nicht, sondern genoss den gut einstündigen Spaziergang. Besonders dem Hund Rocky, einer junge Promenadenmischung, gefiel diese langsamere Art der Fortbewegung. Gab es so doch viel mehr Zeit, um ausgiebig an Häuserwänden zu schnüffeln oder hier und da das Bein zu heben.
Familie Jensen bummelte den Burgplatz entlang, auf dessen Verkehrsinsel eine Litfaßsäule Neuigkeiten und Reklame zeigte, bog dann beim Obst- und Gemüseladen rechts ab in die Duburger Straße. Anschließend ging es die Waldstraße hinauf. Hier befand sich weiter oben die Waldschule, die Tochter Birgit bereits besuchte. Ein Stückchen vor der Schule bog Familie Jensen links ab in die Flurstraße. Hatten sie diese erst hinter sich gelassen, wurde der Weg grüner. Birgit bewunderte die herrschaftlichen Villen des Marienhölzungsweges und stellte sich vor, wie es wäre, darin zu wohnen, statt in einer Dreieinhalb-Zimmer-Wohnung mit Hinterhof. Eine Brücke führte über die Umgehungsstraße. Am höchsten Punkt blieben sie regelmäßig stehen, damit die Kinder den Autofahrern zuwinken konnten. Meistens winkten die Fahrer freundlich zurück.

Hinter der Brücke ging es durch ein kleines Waldstück. Das war Marcos liebster Teil der Strecke. Er flitzte durchs Unterholz, sprang über dicke Äste und warf Stöcke, hinter denen Rocky dann bellend herlief. Wenn sie aus dem Wald herauskamen, führte rechts ein Weg in die „richtige" Marienhölzung, dem großen Wald mit Spielplatz, Restaurant, Wildschweinen und Ententeich. Das wäre jedoch ein Umweg gewesen.

Ein typischer Schrebergarten mit Laube und Gemüsebeeten. Für viele ein Wochenendparadies.

Familie Jensen hielt sich daher links und passierte wenig später eine Kuhkoppel – Rockys Höhepunkt der Wanderung. Er kroch unter dem Stacheldrahtzaun hindurch und begann wild zu kläffen. Die Kühe rollten verängstigt mit den Augen und rannten panisch muhend davon. Stolz wie ein Held kam Rocky wieder zu den anderen zurück, schwanzwedelnd und mit einem breiten Grinsen. Irgendwann kam jedoch der Tag, an dem statt der schreckhaften Kühe elegante Reitpferde auf der Koppel grasten. Rocky sah darin zunächst keinen großen Unterschied. Voller Vorfreude ließ er den Stacheldrahtzaun hinter sich und rannte bellend auf die Pferde zu. Die reagierten aber nicht so, wie Rocky sich das gedacht hatte; statt aufgeregt davonzugaloppieren, hoben sie nur gelangweilt die Köpfe und sahen den Störenfried indigniert an.

Rocky war verwirrt. Er blieb stehen und kläffte wütend. Nun kam tatsächlich Bewegung in die viel größeren Tiere. Allerdings ergriffen sie nicht die Flucht, sondern kamen gemächlich auf ihn zu. Das gefiel Rocky gar nicht. Er legte winselnd den Rückwärtsgang ein und machte, dass er wieder auf die sichere Seite des Zaunes kam. Sein schmachvoller Rückzug wurde mit großem Gelächter quittiert. Das war nicht der Empfang, den er gewohnt war. Tja, wer den Schaden hat … Zukünftig machte er um die Pferdekoppel einen weiten Bogen – wörtlich gesehen. Er wechselte die Straßenseite und trabte sowohl kleinlaut als auch zügig an deren äußerstem Ende, was jedes Mal wieder zu spöttischen Kommentaren Anlass gab.

Wenig später jedenfalls war endlich die Gartenkolonie erreicht. Familie Jensen betrat sie durch ein hellblau angestrichenes Tor, an deren oberem Rand gefährlich aussehende Spitzen angebracht waren. Sie sahen nicht nur so aus. Kinder riskieren ja gerne mal etwas, und eines Sommers verletzte sich eine Freundin von Birgit ziemlich heftig, als sie versuchte, über das Tor zu klettern. Eine der Spitzen bohrte sich in ihren Oberschenkel. Als Erinnerung blieb eine größere Narbe zurück.

Von solchen unschönen Ereignissen abgesehen, war das Leben im Schrebergarten paradiesisch. Andere Pächter hatten ebenfalls Kinder, sodass es stets genügend Spielkameraden gab, mit denen man Unsinn machen konnte. Meist jedoch waren die Kinder ganz vernünftig. Wenn man hin und wieder köstliche reife Kirschen von dem Baum des griesgrämigen Obmanns mopste oder einer schimpfenden Schrebergärtnerin hinter ihrem Rücken eine lange Nase drehte, war man ja noch kein Verbrecher. Oft gingen Birgit, Marco und ihre Freunde mit Rocky in den Wald, bis zur Schwarzen Eisenbahn, einem kleinen See, auf dem man im Winter prima Eislaufen konnte. Im Sommer kühlte Rocky sich darin ab. Die Kinder nahmen davon Abstand. Der Boden war schlammig und das Wasser dadurch aufgewühlt und nicht sehr einladend. Also blieben sie lieber trocken. Doch im Wald gab es noch andere Arten des Zeitvertreibs. Wilde Himbeeren sammeln, auf gefällten Baumstämmen jonglieren oder

Bei schönem Wetter zu Fuß zum Garten, die seinerzeit fast autofreie Waldstraße hinauf.

Versteck spielen. Hin und wieder bauten die Kinder sich Höhlen im Unterholz, die sie sich früher oder später mit Ameisen teilten. Es machte aber auch Spaß, im Garten zu bleiben und beim Kartoffeln ausbuddeln zu helfen. Auch Erbsenschoten zu ernten und reife rote Erdbeeren zu pflücken gefiel den Kindern, zumal man schon währenddessen satt wurde. Nichts schmeckte besser als die eigene, frische Ernte! Selbst gepflanzte Bohnen mit Garten-Petersilie, würzige Kohlrabi oder knallorangene Karotten, nur kurz abgewaschen und bis zum grünen Ende abgeknabbert – besseres Gemüse gab es nicht! Eine Köstlichkeit waren auch rote Johannisbeeren. Ein Teelöffel Zucker machte die leicht säuerlichen Beeren zu einer richtigen Nascherei. Das Beste an heißen Sommertagen war aber der runde Pool im Garten schräg gegenüber. Sich hier abzukühlen war nicht nur angenehm, sondern ein Riesenspaß.
Birgit und Marco sind während ihrer gesamten Kinderzeit nicht einmal in den Urlaub gefahren, geschweige denn geflogen. Sie waren nie in Spanien oder in Italien. Haben auch niemals ein Hotel betreten oder ein schickes Restaurant. Ihre Augen leuchteten auf, wenn sie an die Schrebergartenzeit zurückdachten; an Mirabellen, frisch vom Baum, Nachtwanderungen durch die Marienhölzung mit Taschenlampen, gemütliche Grillabende mit Bratwürstchen und selbst gemachtem Kartoffelsalat oder Regentage in der Laube mit Mensch-ärgere-dich-nicht. Für sie war es die beste Kindheit, die sie sich vorstellen konnten.

# Kiosk-Erinnerungen

Flensburg ist die Stadt der Kioske. Früher gab es sie in beinahe jeder Straße, von der Apenrader Straße über den ZOB bis zum Twedter Plack. Sie waren die Notlösung am Wochenende oder am späteren Abend, wenn die Zigaretten ausgegangen oder keine Getränke mehr im Haus waren. Die Kioske in Flensburg waren eine liebe Gewohnheit oder auch ein Treffpunkt für Unterhaltungen sowie Anlaufstelle, um den neuesten Klatsch zu erfahren. Dank der inzwischen sehr kundenfreundlichen Öffnungszeiten von Supermärkten und Discountern hat sich die Zahl der beliebten kleinen Verkaufshallen deutlich verringert, doch sie sind noch immer hier und da zu finden.

Da ist zum Beispiel der Falkenberg-Kiosk. Er liegt an der Westerallee, ganz in der Nähe der Schrebergartenkolonie, in der wir einen Garten hatten. Dort verbrachten wir in meiner Kindheit die Sommerferien und die Wochenenden in der warmen Jahreszeit. Am Falkenberg-Kiosk bekamen wir nicht nur die Frühstücksbrötchen, sondern auch Familienpackungen mit Eis, die in Zeitungspapier gewickelt wurden, damit die süße Köstlichkeit während der rund zehnminütigen Fahrt auf dem Fahrrad nicht in der Hitze zu einem – damals noch nicht so bekannten – Milchshake wurde.

Doch der hauptsächlich frequentierte Kiosk während meiner Kinderzeit in den Siebzigern war der von Onkel Willi in der Burgstraße. Dort war es großartig! Zum einen war Onkel Willi ein echter Kinderfreund, zum anderen war es ein Kiosk, in den man hineingehen konnte, soll heißen, er hatte einen kleinen schmalen Vorraum. Sehr praktisch bei typischem Flensburger Schmuddelwetter. Hier konnte man sich bei Regen kurz unterstellen oder der winterlichen Kälte entfliehen und sich ein bisschen aufwärmen.

Onkel Willi trug stets eine Lederweste, war immer gut gelaunt und freute sich, wenn wir kamen. Selbst dann, wenn wir nur für zwanzig Pfennig Süßes kauften und sich dieser Verkaufsakt umständlich hinauszog.
„Zwei Salinos, eine Lakritzschnecke und … Nein, doch keine Schnecke, lieber einen Schnuller, aber bitte einen roten! Was, ich hab noch fünf Pfennig? Herrje, was nehme ich denn nur?“
Auf diese Frage folgte nicht selten eine längere Diskussion mit der besten Freundin. Es kam schon vor, dass sich hinter uns unentschlossenen Kinderkunden eine leicht gereizte Schlange bildete. Aber Onkel Willi blieb die Ruhe selbst.
Seiner Frau gehörte der Schoko-Laden ganz in der Nähe, mitten am Burgplatz. Dort kauften wir nur selten etwas, die Köstlichkeiten waren viel zu teuer für unser kleines Geld. Aber es roch so gut darin! Öffnete man die Tür, erschlug einen beinahe dieser wunderbare Duft. Eine Mischung aus exotischen Teesorten und köstlicher Schokolade. Augen schließen, tiiiief einatmen und genießen. Herrlich! Es war ein richtiges Erlebnis, wenn man Gelegenheit hatte, in den Schoko-Laden zu gehen. Schon die Auslage im Schaufenster war ein Augenschmaus. Uns lief das Wasser im Mund zusammen beim Anblick der Schokoladenkekse oder bunten Marzipan-Früchte. Einmal kaufte ich zur Weihnachtszeit für meinen Vater dort einen Aal aus Marzipan, weil er beides liebte, Aal und Marzipan. Der süße, schlangenähnliche Fisch lag auf einem Strohbett in einer Holzkiste mit Schiebedeckel. Fünf Mark hat er gekostet, für mich ein kleines Vermögen. Aber mein Vater hat sich sehr über das Geschenk gefreut, daher war es die Ausgabe wert.
Willis Frau hatte einen wunderschönen weißen Hund, der sich gern von uns streicheln ließ. Er war immer mit im Schoko-Laden. Ob das wohl heute noch ginge?

Jahre später schlüpfte ich in die Rolle von Onkel Willi, denn meine Mutter hatte einen Kiosk gekauft und ich unterstützte sie im Verkauf. Es war eine interessante Erfahrung, nun auf der anderen Seite zu stehen, diese Verkaufsaktionen aus Onkel Willis Sicht zu erleben. Mein Respekt für ihn wuchs dabei noch an. Aber ob er solche Kunden hatte wie wir? Wahrscheinlich schon. Unser Kiosk befand sich in der Neuen Straße. Da nicht jeder weiß, wo sie ist, obwohl sie vermutlich jeder Flensburger kennt, erkläre ich es kurz: Die Neue Straße ist sozusagen die Verlängerung der recht abschüssigen Toosbüystraße, und zwar in Richtung Hafen. Dieser Kiosk war einer von vielen, doch etwas machte ihn besonders, nämlich die immer fröhliche und „schnackbereite" Art meiner Mutter. Ich bin sicher, viele Kunden kamen ihretwegen. Sie öffnete die Glasscheibe stets mit einem Lächeln und hielt für ihre Kunden nicht nur die üblichen Waren wie Zigaretten, Knabbersachen, Bier und Süßigkeiten bereit, sondern auch Hundefutter, Brot, Damenhygieneartikel oder Konservendosen mit Ravioli, Hühner- oder Erbsensuppe – für den Hunger zwischendurch. Notfalls schrieb sie auch mal an. Für diese Zettel gab es eine alte Zigarrenkiste unter der Kasse.
Eine Zeit lang hatten wir Soft-Eis im Angebot. Das war ein Renner, besonders das „Blaue Wunder", dessen Geschmacksrichtung ich nie zuordnen konnte. Aber die Farbe war etwas Besonders und speziell bei den Kindern sehr beliebt. Heute ist blaues Eis beinahe normal, doch damals war es etwas völlig Neues. Es machte Spaß, die Eis-Wurst in die Waffel laufen zu lassen und die Waffel dann so zu bewegen, dass ein kunstvolles Gebilde dabei herauskam.
Einige Eis-Kunden fragten nach meinem jüngeren Bruder, der ebenfalls hin und wieder aushalf. Als ich eines Tages mitbekam,

wie er Soft-Eis machte, wurde mir klar, weshalb viele gern bei ihm ihre kalte Nascherei kauften: Er häufte eine Riesenmenge Eis auf die Waffel! Sein Eine-Mark-Eis war eigentlich eine Portion für zwei Mark fünfzig. Was bei großem Andrang den Nachteil hatte, dass die Maschine mit dem Kühlen nicht hinterherkam

Auch hier wurde verkauft – allerdings etwas andere „Ware“: Der Rotlichtbezirk Oluf-Samson-Gang.

und uns die Plörre flüssig in die Waffeln lief. Dann mussten wir die Kunden um etwas Geduld bitten.
Bei Hafenfesten, Tummelum und anderen Veranstaltungen in der Innenstadt oder am Hafen standen wir manchmal zu dritt im Kiosk, um des Andrangs Herr zu werden. Einer schleppte leere Bier- oder Colakisten nach hinten und volle nach vorn, einer bediente und der dritte kümmerte sich um die Kasse. Solche Tage machten uns allen großen Spaß. Meiner Mutter natürlich besonders.
Stammkunden sind wichtig für einen Kiosk. Eine besonders skurrile Kundin war Otti. Sie war vermutlich zwischen fünfzig und sechzig, grauhaarig und ein bisschen rund. Sie hatte viel von einer typischen Oma. Ihr Beruf allerdings hatte so gar nichts Großmütterliches: Sie war Prostituierte, die ihren Arbeitsplatz in der unteren Neuen Straße hatte und dort ihr „Angebot" in dem kleinen, rot beleuchteten Fenster präsentierte. Gern berichtete sie meiner Mutter von ihrer Kundschaft und deren ausgefallenen Wünschen. Meine eher behütet aufgewachsene Mutter lief dann rot an und wünschte ihre Ohren zum Teufel. Natürlich wurden Ottis Dienste nicht so häufig frequentiert wie die der wesentlich jüngeren Konkurrenz im nahen Oluf-Samsons-Gang. Aber sie hatte ihre Kundschaft. Vermutlich wegen der günstigeren Preise. „Jetzt muss ich mich schon für fünf Mark auf den Rücken legen", klagte sie eines Tages meiner peinlich berührten Mutter ihr Leid.
Immer, wenn ich heute die Neue Straße hinunterfahre und die mit Graffiti bemalten Rollläden sehe, die vor unserem ehemaligen Geschäft heruntergelassen wurden, denke ich an die Jahre, die wir dort verbracht haben. Ich denke an die lustigen Erlebnisse mit netten Kunden, an so manchen Flirt durch die kleine Scheibe und die Gemütlichkeit, die unser Aufenthaltsraum ausgestrahlt hat.

Und ich denke an Onkel Willi, an sein lustiges Zwinkern, wenn er mir einen Salino oder Schnuller extra einpackte. Ja, die Kioske sind seltener geworden in Flensburg. Aber hoffentlich sterben sie niemals ganz aus.

## Schnee bis zu den Hüften

„Oma, Oma, guck mal! Es schneit ganz doll!"
Die sechsjährige Johanna rannte von der Stube in die kleine Küche, wo ihre Oma gerade Kartoffeln schälte. Doch nun legte Herma Bengtsen das Messer zur Seite, trocknete sich die Hände an der Schürze ab und trat ans Fenster, wo ihre Enkelin bereits stand und mit leuchtenden Augen nach draußen sah. Dicke Flocken segelten gemächlich zu Boden und bedeckten sowohl die gepflasterte Auffahrt und die dunkle Erde am Rand des Hofes als auch die alte Holzbank, auf der Hermas Mann in der warmen Jahreszeit gern die letzten Sonnenstrahlen des Tages genoss.
„Dascha gediegen", murmelte sie leicht beunruhigt. „Da kommt ja orntlich was runter."
Johanna riss sich von dem Anblick los und begann sogleich, sich ihre Stiefel an die Füße zu zerren. Jacke, Schal, Mütze – und dann nichts wie raus! Wenig später stand sie inmitten der sie umwirbelnden Schneeflocken, den Kopf in den Nacken gelegt und den Mund weit aufgerissen. Mit der Zunge fing sie die leichten, gefrorenen Tropfen auf und ließ sie schmelzen.
Herma kehrte zu den Kartoffeln zurück, warf aber immer wieder nervöse Blicke nach draußen. Die Schneedecke, zuerst harmlos und dünn, wurde von Minute zu Minute dicker.

Außerdem schien der Wind aufzufrischen, das sah sie an den tanzenden Zweigen des Apfelbaums.
Ihre beiden jüngsten Söhne, die 16-jährigen Zwillinge Martin und Benno, kamen aus ihrem Zimmer und berichteten aufgeregt, dass es offenbar so bald nicht aufhören würde zu schneien. Der Wetterbericht im Radio hatte einen Schneesturm angekündigt.
„Ist Vati schon da?“, fragte Benno.
Herma schüttelte den Kopf. Ihr Mann war zwei Tage lang auf Amrum gewesen und sollte heute zurückkommen. Doch würde er das bei dem Wetter schaffen? Herma hatte plötzlich ein ganz ungutes Gefühl.
Am Abend war er noch immer nicht zurück. Sie saßen um den Esstisch versammelt und aßen Frikadellen mit Kartoffeln und gestovten Bohnen. Herma liebte dieses Essen, doch heute stocherte sie mehr darin herum, als dass sie es aß. Die Lichter am Weihnachtsbaum waren angezündet und ließen die bunten Kugeln glitzern, doch fröhliche Stimmung wollte nicht so recht aufkommen.
Der Schnee reichte inzwischen fast bis zu den Fenstersimsen. Benno und Martin waren vor dem Abendessen mit dem Schlitten die abschüssige Alsenstraße bis zur Apenrader Straße hinuntergerutscht und eine halbe Stunde später mit der Nachricht zurückgekehrt, dass praktisch keine Autos mehr fuhren, weil der Schnee zu hoch geworden war.
Helga, Johannas Mutter und die älteste Tochter der Bengtsens, erzählte während der Mahlzeit, dass sie die letzten zwei Stunden vor Feierabend damit verbracht hatte, vor der Buchhandlung, in der sie arbeitete, Schnee zu schippen. „Kaum war er weg, war er auch schon wieder da“, klagte sie. „Ich konnte beibleiben mit der Schipperei.“
Herma hörte nur mit einem Ohr zu. Das andere horchte nach

draußen und wartete darauf, dass die Tür ging und ihr Mann nach Hause kam. Doch im Hausflur blieb es still.
Nach dem Essen saß Herma vor dem Radio und hörte mit angehaltenem Atem die Nachrichten. Ein Hoch über Skandinavien traf über der Ostsee mit einem Tiefdruckgebiet aus dem Rheinland zusammen. Die Temperaturen würden weiter zurückgehen, Schneefall und Stürme würden befürchtet. Herma knetete das gelb bestickte Taschentuch, das noch von ihrer Mutter stammte, in ihren Händen. Helga trat zu ihr. „Vati geht es gut. Der weiß sich doch immer zu helfen", versuchte sie, ihre Mutter zu beruhigen. „Am besten gehst du schlafen. Morgen früh steht er bestimmt auf der Matte."
Das tat er aber nicht. Auch am nächsten Morgen gab es kein Lebenszeichen und Herma war mit ihren Nerven zu Fuß. Über Nacht war die Welt noch weißer geworden, schien regelrecht vom Schnee umhüllt. Er hatte bereits die untere Hälfte der Fensterscheiben erobert. Die Haustür, die nach innen ging, ließ sich nicht öffnen, ohne dass die weiße Pracht in den Flur eindrang.
Herma, sonst kein Mensch, bei dem die Tränen locker saßen, war kurz davor, loszuheulen. „Wir kommen hier nicht mehr weg! Wer weiß, wie lange", unkte sie, als sie das Frühstücksgeschirr abräumte und trübselig in den fast leeren Brotkorb sah. „Wir haben kaum noch was zu essen im Haus. Und euer Vater ..." Sie brach ab und biss sich auf die Unterlippe.
Martin und Benno wussten Rat. Sie stiegen die schmale Treppe in den ersten Stock hinauf, dessen zwei kleine Zimmer Helga und Johanna bewohnten, und sprangen von dort in den Hof hinunter. Bis zu den Hüften versanken sie im Schnee und hatten große Mühe, sich frei zu strampeln. Dann hieß es graben. Bis zur Schuppentür mussten sie die behandschuhten Hände benutzen, doch als sie die schmale Holztür endlich freigelegt hat-

ten, kamen sie an die beiden Schneeschaufeln. Beherzt und mit feuchtkalten Beinen machten sie sich an die Arbeit. Sie schippten, bis ihnen der Schweiß auf der Stirn stand.
Herma hob immer wieder den Hörer vom hellgrauen Telefon, um sicherzugehen, dass das Freizeichen zu hören war. Das gleichmäßige „Tüüüüü“ drang zwar an ihr Ohr, doch von ihrem Mann hörte sie nichts. Ob er mit seinem kleinen Fiat irgendwo feststeckte? Womöglich auf einer Landstraße, wo es nichts gab außer Feldern und Weiden? Er könnte erfrieren! Das Taschentuch fuhr über Hermas Augen und wischte ein paar Tränen weg. Anschließend schnäuzte sie sich und schob das Tuch zurück in die Kitteltasche.
„Jetzt geht's!“, jubelte Martin von draußen. Benno holte den Schlitten aus dem Schuppen und Herma, die nun wieder gefahrlos die Haustür öffnen konnte, drückte Martin einen Zwanzig-Mark-Schein in die Hand. „Danke, ihr beiden. Geht zum Edeka-Markt. Wir brauchen Milch, Brot, Eier, ein paar Konserven, Kartoffeln und Wurst.“
„Aber ... in zwei Tagen ist Silvester“, wagte Martin einzuwenden. Herma seufzte und pulte noch einen Heiermann aus ihrem Portemonnaie. „Hier. Wenn was übrig ist, nehmt ein bisschen Cola und ein paar Salzstangen mit. Aber kein Tüddelkram. Brot und Wurst sind wichtiger als Bier und Korn.“
Es dauerte mehr als zwei Stunden, bis die Zwillinge zurückkamen, den Schlitten vollgepackt mit Lebensmitteln, dazwischen auch Chipstüten, eine Flasche Sonnberg-Rum und zwei Liter Cola.
„Auf dem Land soll der Strom ausgefallen sein“, berichtete Benno. „Und die Heizung. Angeblich sollen Hubschrauber dahin fliegen und den Leuten was zu essen bringen, wenn sich das Wetter nicht bald bessert. Wahnsinn!“

Sofort waren Hermas Gedanken wieder bei ihrem Mann. Hoffentlich ging es ihm gut! Mit jeder Stunde, die verstrich, wurde ihre Angst um ihn größer.
Am Silvestertag hatte die kalte Front Flensburg noch immer fest im Griff. Unruhig wartete Herma auf ein Lebenszeichen ihres Mannes. Die Kinder sorgten sich mittlerweile ebenfalls. Niemandem war so recht zum Feiern zumute.
Abends kamen Petersens von nebenan. Mariechen Petersen hatte ihren Rumtopf mitgebracht, heiß gemachte Bockwürstchen und eine Schüssel Kartoffelsalat. Helga holte den Senf aus der Vorratskammer, die Jungs überreichten Karl Petersen ein kaltes Bier und Herma stellte die vorbereiteten Butterbrote auf den Tisch. Petersens langten kräftig zu, Benno und Martin ließen es sich schmecken, doch Herma und ihre Tochter hatten keinen Appetit. Auch Johanna aß nicht viel. Sie war traurig, dass sie in diesem Jahr nicht Rummelpott laufen durfte. Frau Petersen gab ihr fünfzig Pfennig. „Wenn der Schnee weg ist, holst du dir davon was zu Naschen“, sagte sie mit einem Zwinkern. Da strahlte Johanna wieder.
Die Jungs machten Musik an, als das Essen beendet war und die Frauen den Tisch abräumten. Helga Feddersen und Didi Hallervorden quietschten „Du, die Wanne ist voll!“ Johanna sang mit, so gut sie konnte und hüpfte dabei auf dem Sofa herum. Karl Petersen zündete sich eine Zigarette an, während sein Fuß im Takt wippte. Als Johannas Mutter ihm einen Aschenbecher hinstellte, sah er ihr ungeniert in den Ausschnitt und schnalzte mit der Zunge. „Du büscha man ne hübsche Deern“, grinste er. „Lange bleibst du bestimmt nich mehr alleen.“
Helga wollte ihm gerade eine schnippische Antwort geben, als jemand dumpf an das Wohnzimmerfenster klopfte. Sie sah hinaus, schnappte nach Luft und rief laut nach ihrer Mutter, wäh-

rend sie zur hinteren Tür rannte und sie aufriss. „Vati! Na endlich!“
Da stand er, schneebedeckt und tiefgefroren. Seine Frau kam angerannt, zog ihn herein und redete vor lauter Erleichterung ununterbrochen auf ihn ein. Dabei wischte sie sich immer wieder über die Augen. „Oh Gott sei Dank, du lebst noch! Ich hab mir solche Sorgen gemacht. Wo hast du bloß gesteckt? Geht es dir gut? Fehlt dir was? Gib mir mal deinen Mantel, der ist ja ganz steif von dem Eis. Soll ich dir einen Grog machen? Zieh bloß schnell die kalten Schuhe aus. Und die Socken. Ein Bad, du brauchst unbedingt ein heißes Bad, sonst holst du dir was wech. Helga, setz Wasser auf, ja? Ach, Hermann, bin ich froh, dass du wieder da bist ...“
Um Mitternacht, als die ersten Raketen den Himmel erhellten, saß Hermann Bengtsen in seinem Ohrensessel, in der Hand einen Grog, die nun wieder gewärmten Füße in seinen Puschen, und erzählte von dem Bauernhof bei Leck, wo er untergekommen war. Da es dort kein Telefon gab, hatte er sich nicht melden können. Der Bauer hatte ihm geholfen, seinen Fiat aus dem Straßengraben zu heben, in den er hineingerutscht war, ihn zum Hof zu kriegen und in der eisig kalten Scheune wieder flottzumachen.
„Nu steht der Wagen bei Danfoss, da bin ich in ’ne Schneewehe gefahren und den Rest des Wegs zu Fuß gegangen.“ Er seufzte leise und nippte an dem heißen Grog. „Bin ich froh, dass ich heil angekommen bin.“ Mit einem zufriedenen Lächeln sah er seine Frau an. Alle anderen waren draußen und bewunderten das Feuerwerk. „Sobald der Schnee weg ist, fahren wir zu dem Bauern nach Leck“, beschloss er und sah Herma bittend an. „Backst du ihm und seiner Frau deinen wunderbaren Marmorkuchen?“

# Die allerbeste Zeit

War man Anfang der 80er-Jahre so um die dreizehn bis fünfzehn Jahre alt und wohnte in der Nordstadt oder zumindest nicht allzu weit davon entfernt, dann zog es einen am frühen Samstagabend in die Duburger Straße. Dort hatte die Tanzschule Welting ihren Sitz und diese öffnete am Wochenende ihre Pforten, damit sich die tanzwütige Jugend austoben konnte.

Um der Angelegenheit einen Anstrich von Wichtigkeit und Exklusivität zu geben, gab es kleine Pappausweise mit Passbild, die vorzuzeigen waren, bevor man sich für fünfzig Pfennig Eintritt ins Vergnügen stürzte. Ab 19.00 Uhr war Einlass, doch schon eine halbe Stunde vorher bildete sich vor der Tür eine Schlange, die schnell länger wurde als eine ausgewachsene Königspython.

Auf Mamis Pumps, ungelenke Schminkversuche im Gesicht – rosa Wangen und knallblauen Lidschatten –, mit Schulterpolstern, auffälligen Ohrringen und die Haare kunstvoll hochtoupiert, so trafen sich die Mädchen, die sich sofort zu gackernden und schnatternden Grüppchen zusammentaten. Andere kamen gleich als Clique, zum Teil schon in Stimmung, dank des unterwegs aus Pappbechern getrunkenen Erdbeersekts.

Die Jungs mussten nicht hübsch, sondern echt stark sein. Lässig, in Jeanskluft und mit den angesagtesten Turnschuhstiefeln ausgestattet, eine Bierdose in der einen und eine Zigarette in der anderen Hand, begutachteten sie den bunten Hühnerhaufen und suchten sich vielleicht schon aus, welches Mädchen sie „anbaggern“ würden.

In der Tanzschule dröhnten Songs von Falco, Madonna oder Michael Jackson. Die Mädchen stürmten auf die Tanzfläche, die Jungs an die Bar. Mit einem Getränk in der Hand ging die Be-

gutachtung, die vor der Tür ihren Anfang genommen hatte, am Rande der Tanzfläche weiter, während die Objekte der Begierde sich im flackernden Disco-Licht zu Billy Idols „Flash for Fantasy“ verbogen oder bei Samantha Fox' „Touch me!“ mit den künstlich verbreiterten Schultern zuckten und sich bemühten, den Text richtig mitzusingen. Das ging natürlich bei den beliebten Liedern der Neuen Deutschen Welle besser. Nena, Fräulein Menke, Hubert Kah oder Trio wurden rauf und runter gespielt.
Nicht wenige bekamen in dieser Zeit den ersten echten Kuss oder auch den ersten heftigen Schwips, der bis zum nächsten Tag schmerzhaft nachwirkte.

Das Crypton mit Balkon. In dieser Disco tobte sich am Wochenende die Jugend aus.

Im Sommer 1984 lockte eine neue, eine richtige Disco: Das „Crypton“ beim Herrenstall an der Schiffbrücke wurde eröffnet. Die Nähe zum Hafen, den dortigen Kneipen und dem Rotlicht-Milieu gaben dem Lokal einen Anstrich der Verruchtheit, weshalb viele Teenies zu Hause heftige Kämpfe ausfechten mussten, um überhaupt dort hingehen zu dürfen. Das Innere des „Crypton" erinnerte mit seinen Pastellfarben, Metallschildern und Bildern von Straßenkreuzern an amerikanische Bars im Stil der 50er-Jahre.

In den ersten Wochen nach der Eröffnung kreischten die Mädchen auf der Tanzfläche erschrocken auf, wenn Inhaber Ernst vom DJ-Pult aus die Tänzer mit einem lauten Zischen in süßlich duftenden Nebel hüllte, der im Licht der unterschiedlichen Scheinwerfer sekündlich die Farbe wechselte. Nach dem ersten Schreck war man aber begeistert von diesem Effekt, den man nur aus Fernsehsendungen wie Disco oder Formel Eins kannte. Alles war irgendwie extremer im Crypton; die Musik war lauter, es war viel voller, die Lichteffekte waren extravaganter, die Getränke bunter, viele Gäste cooler als in der Tanzschule, die im Nachhinein wegwerfend als Kinderdisco abgestempelt wurde.

Ganz toll am Crypton war auch der Balkon. Dorthin zog man sich zurück, wenn man frische Luft brauchte oder sich unterhalten wollte, denn hier war es ruhiger als drinnen. Außerdem konnte man prima sehen, wer gerade kam oder ging – und mit wem. Wenn im Inneren aber das richtige Lied gespielt wurde oder sich in der kühlen Nachtluft Gänsehaut auf den Armen bildete, ging es wieder zurück ins Getümmel. Eine Treppe führte in den ersten Stock hinauf. Auf halbem Wege hatte man von einem Geländer aus einen tollen Blick auf die Fönfrisuren der Gäste, die bei „Relax!" von Frankie goes to Hollywood laut mitgrölten oder bei langsamen Songs gammelten, also auf der Tanzfläche auf Tuchfühlung gingen. Der Begriff „Engtanz" kam aus der Mottenkiste und wurde daher vermieden. Dieser Logenplatz auf halber Treppe bot auch einen Überblick über den Rest des Untergeschosses, sodass man sich gut informieren konnte, wer ebenfalls seine Zeit hier verbrachte.

Die gegen die Musik angebrüllten Kommentare hörten sich dann etwa so an.
„Ich fasse es nicht! Guck mal, mit wem Tanja da schnackt!"
„Wer ist denn der Kerl da neben Oliver? Der ist ja süß!"
„Haha, ich lach mich weg. Sieh mal, Stefan ist auf der Tanzfläche. Er bewegt sich, als hätte er den Finger in der Steckdose."
„Da drüben steht Dunja, die blöde Kuh. Ihre neue Frisur ist eine Katastrophe, oder?"
Im Obergeschoss gab es Sitzgelegenheiten und – natürlich – eine Bar. Grüne Banane mit Sprite, Blue Curacao mit Orangensaft, Amaretto Kirsch – für viele Mädchen taten sich getränkemäßig neue, süß-köstliche Welten auf. Die Jungs schworen dagegen auf Bier, Cola mit Bacardi, Pernod oder Whisky sowie gelegentlich Gin Tonic, um in Stimmung zu kommen und mutig genug zu werden, um die Traumfrau anzusprechen oder zum Tanzen aufzufordern.
Nur wenige Gehminuten vom Crypton entfernt eröffnete wenig später das „Mirage" unter der Regie von Horst Bernsmann. Die Musik war funkiger, poppiger, die Tanzfläche größer als im Crypton. Hier stand Tom am Sterntresen, ein dunkler, fröhlicher Frauentyp, der großzügig Nr. 3 ausgab, eine Mischung aus Korn und Maracujasaft im Schnapsglas. Und es gab den Türsteher Tarzan, der vielleicht wegen seiner schulterlangen Haare so hieß, und der bei hübschen Mädchen auch mal ein Auge zudrückte, wenn es um den Eintrittspreis ging. DJ Jens flirtete den ganzen Abend mit den weiblichen Gästen und erfüllte Musikwünsche, Bardame Bianca schob mehr Getränke über den Tresen als alle anderen Kollegen und Besitzer Horst – ganz Geschäftsmann – passte auf, dass alle zufrieden waren, während er mehr oder weniger trinkfest mitfeierte.

Ja, das Mirage hatte das Potenzial, sich zu einer ernsthaften Konkurrenz für das Crypton zu entwickeln. Es zeigte sich jedoch, dass die beiden Discos sich wunderbar ergänzten; viele Gäste zahlten am selben Abend sowohl hier als auch dort den erschwinglichen Eintritt, ließen sich das im Preis inbegriffene Freigetränk schmecken und flanierten im Laufe der Nacht zum Teil mehrfach hin und her. Die frische Hafenluft hatte etwas Belebendes und unterwegs traf man etliche Bekannte.
„Was los im Crypton?“
„Ja, ist okay. Und im Mirage?“
„Nicht schlecht. Wir kommen nachher auch wieder hin.“
„Okay, bis dann!“
Bis Anfang der 90er-Jahre blieb das Flensburger Nachtleben zum größten Teil auf diese beiden Discos beschränkt – wenn man vom Roxy in der Norderstraße und dem Grogkeller am Südermarkt absah – und nicht wenige der Gäste von damals seufzen heute noch: „Das war die allerbeste Zeit!“

## Ein schaumiger Schülerstreich

Die Nikolaischule lag direkt an der Reepschlägerbahn, gegenüber vom Alten Friedhof. Eine ruhige, malerische Umgebung, viel Grün, stattliche Bäume und nicht viel Verkehr. Das Gebäude war Ende des 19. Jahrhunderts erbaut worden und hatte eine breite Treppe mit ebensolchem Holzgeländer, auf dem es sich famos herunterrutschen ließ – vorausgesetzt, es war kein Lehrer in der Nähe. Die Klinken an den Türen waren von so altmodischer Form, die meisten Schüler hatten vorher noch nie etwas Ähnliches gesehen. Diese Türklinken besaßen einen Metallbo-

gen, durch den man die Finger steckte und eine kleine Fläche darüber, die man mit dem Daumen hinunterdrückte, um die Tür zu öffnen. Direkt neben dem Museum gelegen und mit einem Blick über die ganze Stadt hatte die „Niko“, wie sie liebevoll genannt wurde, noch eine weitere tolle Eigenschaft: Sie war nur wenige Gehminuten von der Innenstadt entfernt.
Es gab in dieser Schule wahrlich nicht nur liebe und brave Kinder. Unter ihnen tummelte sich der eine oder andere Bengel. Doch selbst dem größten Frechdachs oder großspurigstem Lümmel schlotterten Mitte der 80er-Jahre heimlich ein wenig die Knie, wenn er sich nach dem Unterricht auf den Weg zum ZOB machte und am Fuße des Museumsbergs den Brunnen gegenüber vom Stadttheater erreichte. Die etwas gruseligen Metallmasken, aus denen das Wasser sprudelte, flößten ihnen keine Angst ein. Das wäre ja lächerlich, die erschreckten höchstens Kindergartenkinder. Es waren eher die latent gewaltbereiten Skinheads. Ein falscher Blick oder eine unbedachte Bemerkung – wer konnte schon ahnen, wie die mit Alkohol vernebelten Glatzköpfe reagieren würden?
Die Skins trafen sich – solange das Wetter es zuließ – täglich etwa ab elf Uhr. Im Gepäck hatten sie ein paar Furcht einflößende Hunde und jede Menge Bierdosen, die sie auf den nahen Bänken sitzend austranken und um sich herum verteilten. Ihr beliebtester Zeitvertreib war es, vorbeikommende Passanten anzupöbeln und darauf zu warten, dass ihnen „einer dumm kam“. Das konnte dann auch schon mal in Handgreiflichkeiten ausarten.
Eben deshalb machten die Schüler gern einen möglichst weiten Bogen um diese tägliche Bedrohung, was nicht leicht war, denn der Weg, auf dem die Bänke standen, war schmal. Die Erleichterung, wenn man unbeschadet die andere Straßenseite erreicht hatte, war enorm und äußerte sich darin, dass die Frechdachse

Die unheimlichen Masken des Brunnens unterhalb des Museums und gegenüber vom Stadttheater.

und Lümmel wieder so mutig taten und vorlaut waren wie sonst auch. Zwei von ihnen hatten eines Tages eine prächtige Idee. Sie wollten den Skins einen Denkzettel verpassen und sich für die ständig weichen Knie rächen. Bereits am nächsten Vormittag setzten sie ihr Vorhaben in die Tat um. Die für diesen Tag angekündigte Freistunde war nämlich ideal für ihr Vorhaben. Vor dem Unterricht versteckten sie auf dem Schulgelände zwei Packungen mit Waschpulver. Konzentration auf Englisch- und Matheunterricht war fast unmöglich, zu groß war die Vorfreude auf das, was geschehen würde. Hibbelig warteten sie auf das Ende des Unterrichts und den Beginn der Freistunde.

Endlich war es so weit: Die Schulglocke schrillte und die beiden Jungen sausten die Treppen hinunter und aus dem Gebäude. Mit den Waschpulverpackungen machten sie sich auf den Weg, den Berg hinunter bis zum Maskenbrunnen. Noch waren die gefürchteten Glatzen nicht in Sicht. Die Bengels öffneten die Kartons und begannen, eine großzügige Menge Waschpulver in den Brunnen zu kippen. Allerdings nicht alles. Mehr als die Hälfte ließen sie in den Packungen und diese wiederum bei den Bänken in der Nähe stehen, sodass die Skinheads sie auf jeden Fall entdecken mussten. Eine Weile beobachteten sie das Blubbern und Sprudeln in dem flachen Wasserbecken, dann eilten sie sehr zufrieden zurück den Berg hinauf, voller Neugier, ob ihr Plan aufgehen würde. Aus sicherer Entfernung beobachteten sie den Schauplatz ihres Streiches und sahen zu, wie sich auf der Wasseroberfläche immer mehr und mehr Schaum bildete.

Es dauerte nicht lange, bis die Bomberjackenträger auftauchten und sich darüber wunderten, dass das Wasserbecken plötzlich aussah wie eine übergroße Schüssel Schlagsahne. Als sie die Waschmittelpackungen entdeckten, kamen die Kinder in den tätowierten und gepiercten Männern zutage. Wenig später waren die Packungen leer und der Schaum wuchs sich zu einer Lawine aus, die über den Rand quoll, den Bürgersteig bedeckte und als Nächstes das Kopfsteinpflaster der Rathausstraße in Angriff nahm. Vorbeikommende Autos begannen auf dem schmierigen Untergrund zu rutschen, die Straße sah aus wie mit einer dicken Schneeschicht bedeckt. So etwas erlebten die Skins nicht jeden Tag. Sie kickten den Schaum, beschmierten sich johlend gegenseitig die kahlen Köpfe und bewarfen sich grölend mit Schaumbatzen.

Die beiden Schuljungen mochten sich von dem Anblick gar nicht lösen, doch die Freistunde war fast vorbei, sie mussten zurück. Als sie sich gerade abwenden wollten, tauchte die Polizei auf. Die beiden Jungen blieben wie angewurzelt stehen und hielten den Atem an. Unten am Brunnen war es vorbei mit der Fröhlichkeit. Alle anwesenden Schaumschläger wurden mit auf die Wache genommen. Die zwei Schüler jubelten und lachten vergnügt.

Am nächsten Tag lasen sie in der Zeitung, dass den Skinheads Vandalismus vorgeworfen wurde. Sie mussten die Reinigung des Brunnens bezahlen und bekamen ein Platzverbot ausgesprochen. Was für ein Triumph! Endlich konnten alle Schüler ohne Angst am Brunnen vorbeigehen. Die Passanten und Anwohner freuten sich, dass sie die Meute los waren. Vielleicht gefiel das Ganze auch den zwei Müttern, die sich wohl darüber gewundert haben, dass ihr Waschmittelvorrat verschwunden war. Ob sie den Zusammenhang erkannten? Wir können nur spekulieren …

## Die Brieffreundin

Sabine steigt am ZOB aus dem Bus der Linie 3, fröstelt leicht und zieht den Reißverschluss ihres Parkas höher, während sie sich umschaut. Der kühle Oktober des Jahres 1987 lässt keinen Gedanken an einen Spätsommer hochkommen. Nun ist wirklich endgültig Herbst. Noch ist Andrea nicht zu sehen. Im Takt von Rick Astleys „Never gonna give you up“ steuert Sabine das runde, vage an ein UFO erinnernde ZOB-Gebäude an. Hier ist sie mit ihrer Brieffreundin verabredet. Sie haben sich über eine Mädchen-Zeitschrift kennengelernt, in der Rubrik „Brieffreude gesucht“. Beide lieben Pferde, lesen gern und sind Riesenfans von Michael Jackson. Seit fast einem halben Jahr schreiben sie sich regelmäßig.

Andrea kommt aus einem kleinen Ort nahe Hannover und war noch nie in Flensburg, obwohl eine Tante und ein Onkel von ihr in der Stadt leben. Gestern ist sie dort angekommen. Die Verwandten wohnen in Mürwik, dicht beim Twedter Plack, sodass

Sabine und Andrea vereinbart haben, sich nachmittags um zwei am ZOB zu treffen.
Der neueste Song von Madonna wird von einer Verkehrsdurchsage abgewürgt. Sabine hat das Lied aus dem Radio auf Kassette aufgenommen. Blöde Unterbrechungen können dabei schon mal passieren. Sie hasst es, wenn die Radiomoderatoren einfach in das Lied reinquatschen, aber das ist immer noch besser als gar keine Musik.

Die beliebte ZOB-Brücke, die vom Busbahnhof zum Kaufhaus „Hertie“ führte.

Die Linie 5 kommt an und Andrea steigt aus. Sabine erkennt sie sofort, denn die Freundin sieht genau so aus wie auf dem Polaroid-Foto, das sie geschickt hat. Rotblonde Dauerwellen umrahmen ein rundliches, freundliches Gesicht mit Brille. Sabine schaltet den Walkman aus, hängt sich die Kopfhörer um den Hals und hebt einen Arm, um Andrea auf sich aufmerksam zu machen. Wenig später fallen die zwei sich etwas unsicher in die Arme und begrüßen sich, froh, sich endlich persönlich kennenzulernen.

„Ich will unbedingt ‚Dirty Dancing' sehen", sagt Andrea, als sie die ZOB-Brücke überqueren, die bei Hertie endet, dem größten Kaufhaus in Flensburg. „Kennst du ihn schon?"
Sabine nickt. „Hab ihn sogar schon zweimal gesehen. Aber ich gehe gern noch ein drittes Mal, der Film ist echt super. Heute ist Donnerstag, da kostet der Eintritt im City-Kino nur fünf Mark."
Andrea jubelt und hakt sich bei Sabine ein. „Klasse! Das machen wir, ja?"
Sie bummeln durch Hertie und betreten schließlich den Holm. Gegenüber dem Kaufhaus, auf einer Bank in S-Form, vertreiben sich einige Punker mit Dosenbier, Zigaretten und Hunden mit Stachelhalsbändern die Zeit. Es scheint ihnen nichts auszumachen, dass alle Leute einen großen Bogen um sie machen und ängstlich oder verächtlich die zerlumpten Klamotten und abenteuerlichen Frisuren mustern. Auch Sabine und Andrea halten lieber Abstand. Einige der Typen, flüstert Sabine der Freundin zu, reagieren aggressiv, wenn man ihnen zu nahe kommt. „Gehen wir in die Holmpassage", schlägt sie vor. „Die ist ganz neu. Endlich kann man bummeln gehen, ohne nass zu werden, wenn es regnet."
Andrea ist nicht so beeindruckt, wie Sabine erwartet hat. In Hannover gibt es die „Luise"', erzählt Andrea, die sei viel größer.
Als Nächstes probieren sie Hosen bei Wit-Boy am Südermarkt an, finden jedoch nichts, was ihnen gefällt. Bei Nanu-Nana, dem danebenliegenden Laden mit Geschenkartikeln und Schnickschnack, stöbern sie schon etwas länger.
Anschließend gehen sie den Holm wieder zurück, Richtung Große Straße. Bei McDonalds an der Ecke zur Rathausstraße holen sie sich jeder eine Apfeltasche und spazieren weiter. In dem Schaufenster eines Plattenladens hängt ein Bild von Michael Jackson.

„Ich brauche unbedingt die neueste LP von ihm“, sagt Andrea mit vollem Apfeltaschen-Mund und zieht Sabine durch die Tür des Plattenladens.
„Du hast ‚Bad‘ noch immer nicht?“, wundert sich Sabine, doch Andrea antwortet nicht, sondern sieht sich suchend um.
Mit einer quadratisch-flach ausgebeulten Plastiktüte in der Hand und einem glücklichen Lächeln im Gesicht folgt Andrea ihrer Brieffreundin in die Boutique Heike. Die Klamotten sind hier um einiges teurer als bei Wit-Boy oder Jean Pascale, aber auch wesentlich schicker. Es fällt Sabine nicht leicht, ihr Taschengeld von zwei Monaten zu opfern, doch diese gestreifte Bluse mit den Schulterpolstern für sechzig Mark muss sie einfach haben. Nun hat sie eine prestigeträchtige Tüte in der Hand, die sie garantiert auch bei anderen Gelegenheiten nutzen wird.
„Ich brauche unbedingt neue Schuhe“, verkündet Andrea und steuert Schuh Aldag an, doch Sabine hält sie zurück. „Bloß nicht da reingehen!“, warnt sie.
„Wieso?“
„Ein grauenvoller Laden. Die Verkäuferinnen stürzen sich im Dutzend auf einen, sobald man reinkommt. So macht Einkaufen keinen Spaß.“
Andrea grinst. „Die sind wohl am Umsatz beteiligt.“
„Du sagst es. Lass uns lieber was trinken gehen.“ Sabine weist auf ein Bistro.
Als sie „Franchi's“ betreten, begrüßt sie lässig den Inhaber Jan und setzt sich mit Andrea an einen gerade frei werdenden Tisch am Fenster. Hier gilt sehen und gesehen werden. „Schöner Laden“, urteilt Andrea, nachdem sie sich eine Cola bestellt hat. Sabine nickt. „Und man trifft fast immer jemanden zum Schnacken.“ Mit gedämpfter Stimme erzählt sie Andrea, wen von den anwesenden Gästen sie kennt und was sie von ihnen weiß.

Andrea lauscht gebannt. Die eine hat ihren Freund mit einem DJ betrogen, der andere soll angeblich haufenweise Schulden haben, gibt aber an wie Graf Koks, und die Blonde, die so stark geschminkt ist, lässt sich von jedem Typen abschleppen, der ihr ein Getränk bezahlt. Sabine weiß selbst nicht genau, wie viel an den Gerüchten dran ist, aber zum Weitererzählen sind sie prima. Andrea wirkt mächtig beeindruckt.

Die malerische Toosbüystraße mit dem City-Kino – das Erste in Flensburg mit mehr als einem Kinosaal.

Abends sitzen sie im City-Kino in der Toosbüystraße, knabbern Popcorn, trinken Cherry-Cola und seufzen zufrieden, als Patrick Swayze sein „Baby“ auf die Tanzfläche holt.

Den Samstagabend verbringen die Freundinnen gemeinsam an der Küste, tanzen im Roxy und luschern sensationslüstern in den belebten Oluf-Samsons-Gang. Durchgehen wollen sie lieber nicht, das sehen die leichten Mädchen, die in den Fenstern einen Blick auf die „Ware“ gewähren und auf Kundschaft warten, gar nicht gern.

Am Sonntagnachmittag bringt Sabine ihre neue beste Freundin zum Bahnhof. „Das war ein tolles Wochenende“, sagt Andrea zum Abschied. „Und bald besuchst du mich, ja? Dann machen wir Hannover unsicher.“ Sabine nickt grinsend. „Auf jeden Fall.“ Der Zug fährt an und die beiden Mädchen winken, bis sie sich nicht mehr sehen können. Zufrieden schlendert Sabine durch das Bahnhofsgebäude. Sie ist froh darüber, dass ihrer Freundin das Wochenende so gut gefallen hat. Aber das ist auch kein Wunder, denkt Sabine stolz. Flensburg ist ja auch echt klasse.

## Anna und „Alex“

Als die Nachricht im Radio kam, wusste Anna Hansen, was sie zu tun hatte. Entschlossen und mit einem leichten Klirren stellte sie die Kaffeetasse zurück auf den Unterteller. Nichts würde sie davon abhalten können, dabei zu sein, wenn „ihre“ Alexandra zurückkam. Schließlich war es so weit. Anna warf einen prüfenden Blick aus dem Fenster, zog sich ihren Wintermantel an, knöpfte ihn sorgfältig zu und setzte den guten Sonntagshut auf. Dann nahm sie ihre Henkeltasche in die Hand und zog die Wohnungstür hinter sich ins Schloss. Ausatmend trat sie vor die Tür in die kühle Winterluft und machte sich auf den Weg zum Flensburger Hafen. Der Weg war nicht weit – sie wohnte in der oberen Toosbüystraße, im Parterre –, aber ihre 80 Jahre alten Beine wollten nicht mehr so recht. Es ging, obwohl bergab, langsam voran. Glücklicherweise war sie mehr als rechtzeitig aufgebrochen.
Schritt für Schritt näherte sie sich dem in ihren Augen schönsten Platz der Stadt, kam am Rummelgang vorbei und sah durch die blattlosen Zweige der Bäume hinauf zum Burgfried, dessen

alte, aber vornehme Fassaden majestätisch zurückblickten. Dort hatte früher ihre beste Freundin gewohnt. Leider lebte sie nicht mehr, weshalb Anna sich allein aufmachen musste, um die Alexandra zu begrüßen.
Mit dem berühmten Flensburger Salondampfer verband Anna Hansen einiges, angefangen beim Anfangsbuchstaben ihres Namens bis zu ihrem Geburtsjahr. Im Mai 1908, als die Alex vom Stapel lief, hatte sie selbst mit einem kräftigen Schrei das Licht der Welt erblickt.

Die 1908 vom Stapel gelaufene „Alexandra", das letzte seegehende Passagierdampfschiff Deutschlands.

Als kleines Mädchen war sie einmal mitgefahren, konnte sich daran jedoch kaum erinnern – es war einfach zu lange her. Und während sie selbst zur Schule ging, wurde die Alexandra im Ersten Weltkrieg als Vorpostenboot eingesetzt. Im letzten Kriegsjahr fiel Annas Vater; ein herber Verlust. Doch die Alex kam bald darauf zurück – zumindest sie war unversehrt geblieben.

Anna erreichte nun den historischen Torbogen, der in den Burghof führte. Sie atmete die vergangenen Zeiten. Sehr viel hatte sich nicht verändert, seit Helmut hier gewohnt hatte. Anna seufzte leise. Er war der erste Junge gewesen, der ihr Herzklopfen verursacht hatte. Helmut mit der verwegenen blonden Strähne, die ihm immer wieder ins sommersprossige Gesicht gefallen war. Helmut mit dem unbekümmerten Grinsen und der Narbe am rechten Knie. Von ihm hatte sie im Schutz des Burghof-Torbogens ihren ersten Kuss bekommen. Noch nie vorher hatte ihr Herz so schnell geschlagen, hatten sich ihre Beine so schwach angefühlt wie an diesem Sonntagnachmittag. Es war kühl und windig gewesen, doch in Helmuts Armen hatte sie sich warm und geborgen gefühlt. Damals war sie fünfzehn gewesen und ihr Haar so schwarz wie der Rumpf der Alexandra.

Zwanzig Jahre später war Helmut in Russland gefallen. Ach ja, dieser unselige Zweite Weltkrieg. Anna seufzte, als sie das Burghof-Tor hinter sich ließ. Auch ihr Ehemann, der zuverlässige und freundliche Karl, war an der Front geblieben, wie so viele andere.

Die Alex dagegen, das tapfere Dampfschiff, hatte selbst diesen Krieg überstanden, diesmal jedoch nur knapp: Der Kapitän und seine Mannschaft verhinderten nach einer abenteuerlichen Fahrt in Richtung Schleswig-Holstein die drohende Versenkung des Schiffs, auf dem zahllose Flüchtlinge aus dem evakuierten Königsberg einer ungewissen Zukunft in Schleswig-Holstein entgegenschipperten.

Anna war froh gewesen, als der hübsche Dampfer heil in seine Flensburger Heimat zurückkehrte. Er fuhr von da an Liniendienst auf der Förde, meist Richtung Glücksburg. Anna nutzte die Alexandra häufig, um im Sommer mit ihren beiden Kindern an den Glücksburger Strand zu fahren. Eine große Tasche mit

Handtüchern, Butterbroten und hart gekochten Eiern wurde gepackt, kalter, gesüßter Pfefferminztee kam in eine Thermoskanne, und dann ging es los. Schon die Fahrt auf der Alex über die Flensburger Förde war ein kleiner Urlaub. Der frische würzige Duft des Meers, das leise Knarren der Planken unter unzähligen Fahrgastfüßen, die kreischenden Schreie der Möwen, die sanften Bewegungen auf den Wellen ... Anna genoss es immer sehr, hatte jedoch nebenbei stets ein wachsames Auge auf die beiden Kinder, damit sie nicht versehentlich von Bord purzelten, während sie über die Reling ins Wasser spuckten. Wer schaffte es weiter? Meistens triumphierte der Ältere ihrer beiden Jungs.

Hatten sie Glücksburg erreicht, gingen sie vorsichtig auf einer schmalen Holzplanke über das plätschernde Wasser auf den Steg, in dem Bewusstsein, dass der Ausflug mit einer weiteren Fahrt auf der Förde enden würde. Doch bis dahin würde Anna die Wärme genießen und ihren Kindern dabei zusehen, wie sie im seichten Wasser planschten, Muscheln suchten oder Burgen aus Sand bauten. Ach ja, das waren schöne Tage gewesen.

Bei diesen Sommer-Erinnerungen wurde Anna direkt ein wenig wärmer, was ein kleines Wunder war bei diesen vorweihnachtlichen Dezembertemperaturen. Nur noch sechs Tage bis Weihnachten, sechs Tage, bis sie ihre Söhne und deren Familien wiedersah. Einer lebte in Hamburg, der andere im Ruhrpott, in der Nähe von Dortmund. Dort würden sie sich treffen, ihr Bahnticket war schon gekauft. Sicher hatte ihre Schwiegertochter längst das ganze Haus weihnachtlich dekoriert.

Auch Flensburg war festlich geschmückt, mit Lichterketten und Tannenzweigen. Anna sah mit einem Lächeln hinunter zum Hafen. Dass die Alex zurückkam, auf Hochglanz gebracht und fahrtüchtig, war schon jetzt ein schönes Weihnachtsgeschenk.

Sie hatte ihren Schal vergessen. Als ihr das auffiel, begann sie prompt wieder zu frieren.
Bald war sie am Hafen, die Neue Straße hatte sie bereits erreicht. An dem Kiosk standen zwei Kunden, als Anna vorbeiging, und kauften sich Flachmänner und Zigaretten. Sie wirkten auf Anna nicht sonderlich vertrauenerweckend, daher beschleunigte sie ihre Schritte für einige Meter. Endlich, etwas außer Atem, erreichte sie die Schiffbrücke. Der frische Wind pfiff ihr eisig ins Gesicht. Sie fröstelte und zog die Schultern hoch, ging aber weiter. Dort, wo die Menschentraube stand, wurde gewiss die Alex erwartet. Anna konnte nicht verhindern, dass ihr Herz höherschlug. Sie und die alte Dampfschiff-Dame hatten beide acht ereignisreiche Jahrzehnte hinter sich.
Als 1975 die Nachricht durch Flensburg ging, dass die Alexandra nicht mehr wirtschaftlich war und stillgelegt werden sollte, ging eine Welle der Empörung durch die Stadt. Die Alex war ein Wahrzeichen, ein Teil von ihnen! Um den Dampfer zu retten, zückten viele ihr Portemonnaie. Auch Anna spendete, nur einen kleinen Betrag, denn viel hatte sie nicht. Sie fühlte sich dem Schiff so eng verbunden, ihrer beider Dasein war miteinander verknüpft. Anna hatte das unbestimmte Gefühl, wenn der Salondampfer ging, wäre ihr eigener Abschied nicht mehr fern. Und dafür war sie noch nicht bereit. Die Alexandra musste weiterhin aktiv sein, so wie sie selbst.
Es war gelungen, die Schiffsdame wurde tatsächlich auf Drängen und mithilfe der Flensburger Bevölkerung flottgemacht. Ein eigens gegründeter Förderverein hatte sich darum gekümmert. Nun war endlich der Tag gekommen, an dem das alte Dampfschiff mit den blau-gelben Streifen am Schornstein nach den umfangreichen Sanierungsmaßnahmen in seinen Heimathafen zurückgeführt wurde. Lang genug hatte es ja gedauert.

Immer gut für ein Fotomotiv – und sei es nur als Hintergrund – die „Alex“ im Flensburger Hafen.

Anna lächelte, als sie sich zwischen die anderen Wartenden schob und aufs Meer hinaussah. Die Nähe der Menschen ließ Anna die Kälte nicht mehr so sehr spüren. Es dauerte eine Weile, dann erklang das Dampferhorn und dunkle Rauchwolken schwebten dem Himmel entgegen. Es war so weit. Die Leute fingen an zu winken, zu lachen und zu rufen, während ihr liebstes Schiff gemächlich näher kam und schließlich vor Anker ging. Der weiße Schriftzug am schwarz glänzenden Bug leuchtete. Die Alexandra sah großartig aus, stolz und erhaben präsentierte sie sich den begeistert jubelnden Flensburgern.
Das ist der Unterschied zwischen uns, dachte Anna wehmütig. Wenn du nicht mehr ganz frisch aussiehst, wirst du neu gestrichen und alte Teile werden gegen neue getauscht. Ich behalte meine grauen Haare und die Falten auf der Haut ebenso wie die steifen Knochen und die schwächer werdenden Augen. Aber so ist das Leben. Ich freue mich über deine Verjüngungskur. Wer weiß, überlegte sie, während die Umstehenden den restaurierten Salondampfer bewunderten, vielleicht würde sie noch einmal mit der Alex hinausfahren, noch einmal die Meeresluft im

Gesicht spüren, das Aroma des Salzwassers in der Nase und den Wind in den Haaren. Sie betrachtete das so vertraute Schiff und aus ihrem rechten Augenwinkel löste sich eine Träne. Ja, dachte sie, vielleicht. Es wäre schön, meine Füße auf die Holzplanken zu setzen und auf einer der harten Bänke zu sitzen, während die Sonne herunterbrennt und eine warme Brise mein Gesicht streichelt. Im Frühling, nahm sie sich vor. Vielleicht zu Ostern mit meinen beiden Urenkeln. Das wird schön.

## Handball-Debüt

Frank war schwer verliebt. Er kannte Susanne noch nicht sehr lange, doch die fröhliche und unkomplizierte Art der blond gelockten jungen Frau hatte ihn verzaubert. Stolz und glücklich hielt er ihre Hand, während sie in diesem frühen Herbst 1994 über den Jahrmarkt an der Exe bummelten. Beim Dosenwerfen amüsierten sie sich ebenso wie beim Autoscooter, in der „Raupe“ wurde heftig geknutscht, als eine Plane über die Wagen geworfen wurde und sie so von der Außenwelt abgeschnitten waren. Franks Wangen glühten und Susannes Augen leuchteten, als die Plane wieder verschwand und der intime Moment der Zweisamkeit vorbei war. Während sie sich eine Zuckerwatte teilten, sah Susanne über die Straße hinüber zur Fördehalle. Ein leichter Seufzer entrang sich ihrer Brust, als sie sich gedankenverloren etwas von der süßen, fluffigen Leckerei in den Mund schob.
„Was ist denn?“, fragte Frank erschrocken. War Susanne enttäuscht? Oder traurig? Ein schrecklicher Gedanke! Er wollte nur, dass es ihr gut ging und sie die Zeit mit ihm genoss. Was es auch war, er würde alles tun, damit sie zufrieden war.

„Heute spielt die SG“, erklärte Susanne mit einem wehmütigen Blick zu der Halle. „Gegen TuSEM Essen.“
Frank war kein Handball-Fan. „Na und?“
Sie hob die Schultern. „Ach, ich habe schon zwei- oder dreimal ein Spiel gesehen, und es war toll. Ich dachte nur gerade, es wäre ganz schön, mal wieder dabei zu sein.“ Sie lächelte und zupfte noch etwas Zuckerwatte von dem dünnen Holzstiel. „Mach dir keinen Kopp. War nur so ein Gedanke. Komm, lass uns mit dem Mexikanerhut fahren.“
Ihr war ein wenig schwindlig, als sie von dem Fahrgeschäft herunterstiegen. Frank nahm sie fest in die Arme und gab ihr einen Kuss. „Wann fängt das Spiel eigentlich an?“, fragte er leichthin.
„Das ... Du meinst das Handballspiel? Um halb acht. Warum?“
Er sah auf die Uhr. Es war kurz nach sieben. „Komm“, sagte er. „Gehen wir rüber.“
Susanne starrte ihn mit großen Augen an. „Aber – du machst dir doch gar nichts aus Handball.“
„Aber du. Also los, versuchen wir, noch zwei Karten zu bekommen.“
Sie fiel ihm um den Hals. „Danke! Es wird dir bestimmt gefallen!“
Das bezweifelte Frank ein bisschen, aber er sagte nichts. Auf dem kurzen Spaziergang hinüber zur Fördehalle erzählte Susanne begeistert von der Atmosphäre während so eines Handballspiels, von der Spannung und den Emotionen, die manchmal überzukochen drohten. Frank konnte damit nicht viel anfangen. Er war nicht einmal ein großer Fußballfan wie die meisten seiner Kumpels. Aber er war bereit, sechzig Minuten lang Begeisterung zu heucheln – für Susanne.
Sie hatten Glück und bekamen noch zwei Stehplatz-Karten. Damit drängelten sie sich geschickt möglichst weit nach vorn. Frank war überrascht, wie voll die Halle war. Viele Fans waren

in den Vereinsfarben gekleidet, trugen SG-Schals oder Trikots, um die Verbundenheit zu ihrer SG zu demonstrieren. Von einer Tribüne dröhnten Schlachtengesänge. Mit „Ja-han Hol-pert!“ feierten sie ihren Torhüter, der soeben nacheinander die oberen Ecken seines Kastens berührte, ein Ritual, wie Susanne Frank zurief – eine normale Unterhaltung war bei der Geräuschkulisse nicht mehr möglich. „Damit will er Treffer der Gegenseite abwehren. Das macht er vor jedem Spiel.“
Was für ein alberner Aberglaube, dachte Frank. Wenn er auch nicht viel Ahnung von Handball hatte, so wusste er zumindest, dass es praktisch keine Zu-Null-Spiele gab. Zehn bis zwanzig Mal traf eine Mannschaft eigentlich immer.
Das Licht verdunkelte sich und die berühmten Klänge von „Auf in den Kampf, Torero“ aus der Oper „Carmen“ erklangen. Nun standen sämtliche Fans und begannen, im Rhythmus der Musik in die Hände zu klatschen. Verwundert sah Frank sich um und machte mit. Dieser Moment hatte schon etwas Feierliches.
„Klasse, oder?“, rief Susanne in sein Ohr. „Ich krieg dabei immer Gänsehaut. Hier, guck mal.“ Sie hielt ihm ihren nackten Unterarm hin. Frank fuhr mit dem Zeigefinger über ihre Haut und tat so, als wäre er schwer beeindruckt. Susanne grinste und wies nach vorn. Die Mannschaft lief aufs Parkett, einer hinter dem anderen. Susanne zählte die Namen der Spieler auf, doch Frank hörte kaum hin, er könnte sich sowieso keinen einzigen merken. Die Schiedsrichter pfiffen, das Spiel begann. Susanne jubelte und klatschte bei jedem Flensburger Tor und stöhnte kollektiv mit den anderen Fans auf, wenn ein Gegentreffer in Holperts Kasten landete.
„Hat wohl nicht viel gebracht, dieser Aberglaube“, konnte Frank sich nicht verkneifen anzumerken. Susanne grinste nur.
Der Spielstand blieb eng, keine Mannschaft konnte sich ent-

scheidend absetzen. Als die Schiedsrichter der Essener Mannschaft einen Siebenmeter zubilligten, ließ Frank gemeinsam mit etwa 3000 weiteren Zuschauern seiner Enttäuschung freien Lauf.

Wenn die SG Flensburg-Handewitt das Spielfeld betritt, freuen sich die Handball-Fans auf ein spannendes Spiel.

„Scheiß Schiris!“, brüllte jemand neben ihm. „Ihr braucht doch ’n Blindenhund!“

Während der Pause holte Frank Getränke für sich und Susanne. Sie war auf ihrem Platz geblieben, damit er ihnen nicht weggeschnappt wurde. Bei Stehplätzen konnte das schon mal vorkommen. Da ging man lieber auf Nummer sicher. Die zweite Spielhälfte begann, und bei der nächsten gefühlten Fehlentscheidung der Unparteiischen war Frank bereits genauso empört wie alle anderen.

„Das war ganz klar ein Foul!“, behauptete er aufgebracht. Wenig später gelang der SG ein knapper Treffer und Frank reckte begeistert eine Faust in den Hallenhimmel. „Ja!“

Susanne lachte ihn an. „Es gefällt dir, hm?“

Erstaunt nickte er. „Du hast recht. Es ist klasse. Das hätte ich nicht gedacht.“

„Hab ich doch gesagt.“

Er legte ihr einen Arm um die Schulter und zog sie an sich. „Vielleicht machen wir das öfter mal.“

Das taten sie. Zehn Jahre später bejubelten sie mit ihrer SG den ersten Meistertitel und weitere zehn Jahre später feierten sie ihre Mannschaft auf dem Südermarkt, wo die Spieler um Trainer Ljubomir Vranjes stolz den Champions-League-Pokal in die Höhe reckten.

## Ballontaufe - einmal anders

In der Norderstraße erinnert das „Eckener-Haus“ an den Luftfahrtkapitän Hugo Eckener, der in Flensburg geboren wurde. Im Jahre 1912 überflog Eckener mit dem Zeppelin „Hansa“ seine Heimatstadt und landete inmitten begeisterter Zuschauer auf dem Flugplatz Schäferhaus.

Genau hier fanden sich knapp 90 Jahre später an einem sonnigen Junimorgen die Mitarbeiter einer Harrisleer Anwaltskanzlei ein. Für den jährlichen Betriebsausflug hatte sich der

Gedenktafel für den Luftfahrtpionier Hugo Eckener am Eckener-Haus in der Norderstraße.

Seniorchef etwas ganz Besonderes ausgedacht: Eine Fahrt mit einem Heißluftballon, mitten hinein in den Sonnenaufgang. Von der Idee an sich ganz angetan, aber aufgrund der sehr frühen Morgenstunde noch mit müden kleinen Augen tauchten nach und nach die Mitarbeiter auf und bestaunten – noch schweigsam und hin und wieder ein Gähnen unterdrückend –

den recht schlappen Ballon, der gerade mit heißer Luft gefüllt wurde.
Eine der zwei Sekretärinnen hatte in weiser Voraussicht Kaffee und Pappbecher mitgebracht und ergötzte sich an den dankbar aufleuchtenden Augen der Kollegen, die genüsslich an dem heißen Wachmacher nippten. Die Chefs selbst spendierten belegte Brötchen, was genauso gut ankam. Die Stimmung steigerte sich merklich. Dann war es so weit: Das provisorische Frühstück wurde zusammengepackt und die beiden Chefs kletterten mit den fünf Mitarbeitern zu dem Ballonführer in den Korb. Es wackelte und schaukelte, dabei wurde sogar der letzte Morgenmuffel munter. Die jüngere Auszubildende gab ab und zu kleine ängstliche Quieker von sich, lachte aber gleich darauf wieder vergnügt.
Schließlich hob der Korb ab und schwebte hinauf in den strahlend blauen Morgenhimmel. Einzig das laute Dröhnen des Gasbrenners, der in regelmäßigen Abständen die Luft im Inneren der bunten Hülle aufheizte, störte die Idylle ein wenig. Die Mitfahrer bewunderten die atemberaubende Aussicht, als sie den kleinen Flugplatz hinter sich ließen und Harrislee ansteuerten.
„Da ist der Marktplatz!", berichtete einer aufgeregt.
„Jetzt fliegen wir direkt über unser Büro hinweg." Diese Aussage löste allgemeine Heiterkeit aus. Das war doch viel schöner, als am Schreibtisch zu sitzen, da waren sich alle einig.
Der Ballonführer berichtete, dass nach der Landung jeder einen Ballonfahrernamen bekommen und auf diese Taufe mit einem Glas Sekt angestoßen werden würde. Sie näherten sich der Neustadt Flensburgs und schwebten dann über dem Waldstück, hinter dem sich der schöne Strand von Ostseebad befand.
Der Bürovorsteher, der in dieser Gegend aufgewachsen war, erzählte von den Lausbubenstreichen seiner Kindheit. Eines Nachmittags, so berichtete er, hätten er und sein Bruder in dem

Blick über den Hafen hinüber zur St. Jürgens Kirche.

kleinen Bach, der durch den Wald plätscherte und der an der Ostseebad-Strandpromenade in einem Abflussrohr mündete, mit viel Mühe einen Damm gebaut. Damit hatten sie so viel Wasser angestaut, dass das Rohr, als der Damm brach, den Wassermassen nichts entgegenzusetzen hatte.

„Es war schlicht überfordert", grinste der Bürovorsteher und fügte hinzu: „Wir haben gemacht, dass wir wegkamen, als wir merkten, dass dadurch ein Stück der Promenade praktisch weggespült worden war."

Die anderen lachten und animierten den Erzähler zu einer weiteren Anekdote. Er hatte mit seinem Bruder eines Tages Molche gesammelt, salamanderähnliche Tierchen. Knapp hundert Stück, so schätzte er. Die nahmen sie mit nach Hause und setzten sie in dem kleinen künstlichen Teich auf dem elterlichen Hof aus. Da es sich aber um Tiere mit Beinen und nicht um Fische handelte, blieben die Molche nicht dort, sondern verbreiteten sich über den gesamten Hof.

„Unsere Mutter hat vielleicht gekreischt", erinnerte der Bürovorsteher sich wehmütig. „Wir mussten alle wieder einsammeln und zurückbringen. Ich hab sie selten so wütend gesehen."

Inzwischen schwebte der Heißluftballon direkt über der Ostsee. Wenn man auf die ruhige Wasseroberfläche sah, konnte man ein winziges Spiegelbild des Ballons sehen. Die Insassen zeigten mal hier- und mal dorthin. Dänemark, die Marineschule in Mürwik, die Ochseninseln ... Es gab viel zu sehen. Sie waren noch immer über dem Wasser, als der Ballonführer zerknirscht zugeben musste, dass die Gasflaschen leer waren. Eine Landung stand also unmittelbar bevor. Nur leider blies der Wind plötzlich aus der falschen Richtung, sodass Gefahr bestand, dass sie nicht rechtzeitig das rettende Ufer erreichen würden.

Die Reaktionen auf diese Eröffnung waren vielseitig, von vorsichtigem Optimismus über Angst und Wut bis hin zu Abenteuergeist war alles dabei. Die Chefs waren in erster Line sauer, die Damen besorgt. Eine von ihnen bemerkte verzagt, dass das Spiegelbild auf der Wasseroberfläche bereits viel größer geworden sei.

Sie sanken also. Eine Ankündigung, die Schrecken verbreitete.

„Meine Videokamera!"

„Das Wasser ist bestimmt ganz schön kalt."

„Ich kann nicht so gut schwimmen!"

So redeten sie durcheinander, bis einer von ihnen den Arm ausstreckte und mit dem Zeigefinger in eine Richtung wies. „Da! Ein Boot!"
Erleichterung und Freude machten sich breit. Es war zwar nur eine kleine Jolle, doch um diese Zeit mehr, als sie erwartet hatten. Die meisten Flensburger lagen vermutlich an diesem frühen Samstagmorgen noch schlafend im Bett. Es war noch nicht einmal sieben Uhr. Sie begannen zu winken und zu rufen. Inzwischen trennten sie nur noch wenige Meter von der kalten Ostsee. Das rettende Ufer war gut und gern noch fünfzig Meter entfernt.
„HALLO! HIERHER!", rief der Bürovorsteher, der die lauteste Stimme von allen hatte. Dabei schwenkte er seinen Arm hin und her.
„Na toll, sie winken zurück", bemerkte einer der Chefs zynisch.
„Nicht aufgeben", befahl der andere. Also holten alle tief Luft und riefen nochmals um Hilfe. Dabei fuchtelten sie wild mit den Armen.
Tatsächlich trugen ihre Bemühungen diesmal Früchte. Das kleine Boot steuerte auf sie zu. Es wurde allerdings auch höchste Zeit. Der Korb setzte mit einem vernehmlichen Platschen auf der Wasseroberfläche auf und die eiskalte Ostsee drang durch das Korbgeflecht hinein und flutete acht Paar Füße.
„Wir gehen unter!", kreischte die jüngere Auszubildende.
Die Hülle des schon seit einer Weile schlapp wirkenden Ballons fiel nun endgültig in sich zusammen und landete als bunter flacher Fleck auf dem Wasser. Der Ballonführer versuchte, seine Passagiere zu beruhigen, die mit nassen Füßen und zitternd vor Kälte Panik verbreiteten. Nun wurden die Retter in der Jolle richtig munter. Alle verunglückten Ballonfahrer passten nicht in ihr kleines Boot, also nahmen sie zuerst die Damen auf und

Einer von vielen Strandabschnitten rund um die Flensburger Förde – Idylle pur.

preschten mit ihnen zum Ufer hinüber. Danach retteten sie die Chefs, den Bürovorsteher und den Ballonführer.

Schließlich hockten alle am Strand von Fahrensodde – auf großen Steinen oder direkt im Sand – und warteten auf den Kollegen des Ballonführers, der ihre Fahrt mit dem Wagen verfolgt hatte und bald eintreffen würde.

„So was ist mir noch nie passiert, dabei mache ich das schon seit zehn Jahren“, versicherte der todtraurige Ballonführer und entschuldigte sich immer wieder für das missglückte Unternehmen. Seine Passagiere hielten die nassen Sachen und die Gesichter in die Sonne. So früh am Morgen ein solches Abenteuer. Inzwischen konnten sie fast darüber lachen.

Die ältere Auszubildende brachte es auf den Punkt. „Eine Ballontaufe“, sagte sie nachdenklich, „hab ich mir irgendwie anders vorgestellt.“

# Die Schuhe auf dem Drahtseil - Ein modernes Märchen

Um die baumelnden Schuhe in der Flensburger Norderstraße ranken sich viele Legenden. Jedoch weiß niemand ganz genau, wie es eigentlich zu dieser Sehenswürdigkeit kam. Auch ich nicht. Nun habe ich den vielen Anekdoten noch eine hinzugefügt. Da ich sie mir ausgedacht habe, ist es wahrscheinlich nicht so passiert, aber wer weiß … ? Manche Märchen haben einen realen Hintergrund, nicht wahr? Es geht los, viel Spaß!

Es war einmal vor nicht allzu langer Zeit, da lebte in einer schönen Stadt namens Flensburg ein junges Paar namens Katharina und Johannes. Sie waren glücklich, lebten zufrieden in ihrer gemütlichen Zwei-Zimmer-Wohnung und planten die Hochzeit, die ihre große Liebe besiegeln sollte. Doch eines eiskalten Wintertages kam die böse Hexe Maybrit zu Katharina und berichtete ihr heimtückisch, dass Katharinas Liebster sich in eine andere verliebt hätte und immer, wenn er sagte, dass er sich mit seinen Freunden traf, in Wirklichkeit ein Stelldichein mit jener Frau habe, die ihm den Kopf verdreht hatte.
Katharina war am Boden zerstört. Unter Tränen dankte sie Maybrit und wartete ungeduldig auf die Heimkehr ihres Liebsten. Als er zu ihr nach Hause kam und berichtete, er wolle sich am Abend mit einigen Kameraden zum gemütlichen Beisammensein treffen, gärte es gewaltig in Katharina. Sie war überzeugt, dass die Hexe Maybrit die Wahrheit gesagt hatte und schmiedete einen perfiden Plan.
Johannes verkündete wohlgelaunt, er gedenke, ein Bad zu nehmen, um die Kälte des Tages aus seinen Knochen zu vertreiben. Katharina bestärkte ihn darin und bereitete ihm selbst das Bad.

Sie gab duftende Kräuteressenzen ins Wasser, zündete einige Kerzen an, damit Johannes sich entspannte, und ließ leise Musik erklingen. Johannes war ahnungslos. Er freute sich darüber, dass Katharina so gut zu ihm war und genoss die beruhigende Atmosphäre im Bad.

Baumelnde Schuhe über der Norderstraße. Ein beliebtes Fotomotiv für Touristen.

Aber Katharina blieb nicht untätig. Während Johannes im heißen Wasser den Klängen der Musik lauschte, führte sie ihr Vorhaben aus. Eilig sammelte sie alle Schuhe, die Johannes besaß und begann, diese an ihren Schnürbändern paarweise zusammenzuknoten. Als die Arbeit vollbracht war, öffnete sie das Fenster zur Straße und warf die verbundenen Schuhpaare auf ein Drahtseil, das schräg über dem Fenster angebracht war und an dem jährlich zur Weihnachtszeit festliche Beleuchtung hing. Nun aber waren die Seile leer und damit frei für Katharinas Zwecke.

Ein Paar Schuhe nach dem anderen fand seinen Weg auf dieses Drahtseil. Durch den ungewohnten und plötzlichen Ballast bewegte es sich in der kalten Winterluft leicht hin und her, sodass Katharina Mühe hatte, den richtigen Moment zum Werfen zu finden. Schließlich baumelten alle Schuhe des vermeintlich treulosen Johannes hoch über der Straße.

Katharina spürte einen zufriedenen Triumph, als sie das Fenster wieder schloss. Ohne Schuhe würde Johannes nicht weggehen können, denn draußen lag Schnee. Sein Vorhaben, die andere Frau aufzusuchen, war damit durchkreuzt. Als Johannes von seinem Bad zurückkehrte und merkte, was Katharina getan hatte, wurde er fuchsteufelswild. Grollend fragte er nach dem Grund für Katharinas Treiben. Also berichtete sie von dem Besuch der Hexe Maybrit und dem, was sie gesagt hatte. Dann brach Katharina in Tränen aus.

Nachdem sein erster Ärger verraucht war, nahm Johannes seine Liebste tröstend in den Arm und versicherte ihr, dass die Hexe gelogen hatte. Diese hasse glückliche Paare und sei bekannt dafür, alles zu tun, damit sie auseinandergingen. Johannes schwor Katharina, dass er nur sie liebe und niemanden sonst.

Katharina lächelte besänftigt, aber Johannes war sehr wütend auf Maybrit. Er rief seinen Freund, den Zauberer Erik, zu sich und bat ihn um Hilfe. Er wollte sich an Maybrit rächen. Erik hatte auch sogleich eine Idee. Er öffnete das Fenster, richtete seinen Zauberstab auf das Drahtseil mit Johannes' Schuhen und sprach einen Zauberspruch:

Schnürschuhe und Gänsedreck,
Putenmist und Schweinespeck,
Schuhe soll'n dich nimmer meiden
und die Hexe, sie soll leiden.

Von da an begannen die Menschen, Schuhe, die sie nicht mehr benötigten, in der Norderstraße über die dort hängenden Drahtseile zu werfen. Und jedes Mal, wenn ein weiteres Paar ausgelatschte Treter dort landete, durchfuhr die Hexe Maybrit ein grausamer Schmerz, der sie daran erinnerte, dass ihre böse Tat fehlgeschlagen war. Der Zauberer Erik ließ ihr durch seine Krähe mitteilen, dass ihre Qualen gelindert würden, wenn sie nur noch gute Taten vollbringen würde.

Maybrit nahm sich den Rat des weisen Zauberers zu Herzen und hörte auf, glückliche Paare durch ihre Lügen auseinanderzubringen. Stattdessen begann sie, Gutes zu tun. Sie half den Alten, Kranken und Armen sowie herrenlosen Tieren. Mit den Jahren wurde der Schmerz immer weniger und bald verspürte sie nur noch ein leichtes Kitzeln, sobald sich ein neues Paar Schuhe zu den anderen gesellte.

Wenn man heute durch die Flensburger Innenstadt geht und einer Frau begegnet, die aus unerfindlichen Gründen plötzlich zu lachen beginnt, könnte es sich um Maybrit handeln, die bemerkt, dass das Drahtseil in der Norderstraße gerade um ein Paar weiterer ausgedienter Schuhe bereichert wird.

Und Katharina und Johannes? Sie heirateten noch im selben Jahr und bekamen eine bunte Schar gesunder Kinder. Und wenn sie nicht gestorben sind, dann leben sie noch heute.

# Ein Nashorn packt aus

Es ist stürmisch heute. Und nass. Der Februarwind zerrt an mir, beißt in meinen Augen. Regen pladdert auf mich ein, versucht, die Farbe von mir herunterzuwaschen. Vielleicht gelingt es ihm eines Tages. Doch noch bin ich da. Nicht so imposant wie einst, das gebe ich zu. Ein paar Spuren haben Wetter und Zeit schon in mich hineingegraben.
Wie heißt es so schön? Wer hoch fliegt, kann tief fallen. Es gibt kaum ein besseres Beispiel für diese These als mich. Ich war im wahrsten Sinne des Wortes ganz oben und nun bin ich unten angelangt. Verdammt weit unten.
Der Regen lässt nach. Es tröpfelt nur noch ein bisschen. Dahinten wird es auch schon wieder heller.
Ein Junge radelt vorbei, wird langsamer, hält an und sieht zu mir herüber. Sein Blick ist fragend. Ganz offensichtlich will er wissen, warum ein Nashorn auf einer Koppel in Sünderup steht. Eine gute Frage. Die wohl nur ich umfassend und wahrheitsgemäß beantworten kann.
Na, dann sperr mal deine Lauscher auf, Junge.

Begonnen hat alles im Jahr 2000 mit ein paar Flaschen Flensburger Pils. Die beiden Künstler Claus Lindner und Hans-Ruprecht Leiß, genannt Rups, saßen gemütlich beisammen und prosteten sich vergnügt zu. Mit steigendem Promillegehalt wurde die Stimmung ausgelassener.
Claus verkündete schließlich, seinem Kumpel Rups zu Ehren eine Skulptur zu erschaffen. Ein Tier. Aber was für eins? Sie grübelten und nahmen noch einen tiefen Schluck.
„Ein Nashorn!“, rief Claus. „Du liebst doch Nashörner.“
Gesagt, getan. Claus erschuf mich, in einer Größe, die der

meiner realen Vorbilder sehr nah kam. Vier Meter wurde ich lang. Rups freute sich sehr, als ich fertig war. Nun musste ich von Claus Lindners Heimat Prenzlau zunächst einmal Richtung dänische Grenze transportiert werden. Dafür sorgte freundlicherweise eine Flensburger Transportfirma: Steckhan & Peters. Sie brachte mich bis nach Fahrensodde und Rups Leiß verschönerte mich mit Farbe – einem dunklen Gelbton – und einem ganzen Schwung zusätzlicher Augen, verteilt auf meinem gesamten Körper. Nun war ich nicht nur ein Nashorn, ich war zu einem besonderen, einzigartigen Kunstwerk geworden.

Just zu dieser Zeit sollte das neu eröffnete Flensburger Schifffahrtsmuseum verschiedene Werke von Ruprecht Leiß präsentieren. Rups hatte eine grandiose Idee. Er würde mich als Aushängeschild für seine „Nauta Navigat“-Ausstellung nutzen.

„Das Nashorn wäre ein prima Hingucker. Wir hängen es vor dem Museum an den Signalmast“, beschloss er.

Schon meine Ankunft im Hafen sollte etwas Besonderes werden. Inspiriert von dem Schlussbild in Fellinis Film „Das Schiff der Träume“ wollte Rups, dass ich mit einem Ruderboot über die Förde fuhr und vor dem Schifffahrtsmuseum vor Anker ging. So ungefähr gelang es tatsächlich, auch wenn es sich nur um ein Fischerboot handelte und ich obendrein quer darin stand, anstatt sozusagen Horn voraus in den Hafen zu schippern, wie es mein Fellini-Pendant getan hatte.

Der Empfang war herzlich. Es hatten sich viele Menschen eingefunden, um bei diesem ungewöhnlichen Ereignis dabei zu sein. Zwei Leiterwagen der Feuerwehr standen bereit und die Feuerwehrmänner machten sich daran, mich vom Boot zu hieven und an dem Signalmast vor dem Museum aufzuhängen. Dort hing ich fortan und machte meinen Job so gut ich konnte,

während ich über die Förde blickte. Bis zu einem sommerlichen Tag im Juni.
Wie ich später erfuhr, hatte Rups mich verkauft, an einen Flensburger Geschäftsmann namens Volker Thaysen. Der hatte ausgehandelt, dass ich das Rathaus der Stadt schmücken sollte. Also runter vom Fahnenmast und rauf auf einen Lkw. Damit wurde ich quer durch die Stadt gefahren, sehr zur Freude aller Passanten. Zunächst ging es durch die Einkaufsstraße, vom Norder- bis zum Südermarkt. Auf meinem Rücken durfte der Sohn von Rups sitzen. Eigentlich bin ich ja kein Reittier und damit auch kein Freund solcher Aktionen, aber ich war milde gestimmt und begehrte nicht auf, sondern gönnte dem Jungen das Abenteuer.
Selten hat die Stadt so ein Tam-Tam erlebt! Na, und ich schon gar nicht. Es war toll, der beste Tag meines Lebens. Vor mir hüpften leicht bekleidete weibliche Wesen, Cheerleader genannt, auf und ab und hin und her. Ich konnte meine Augen gar nicht abwenden von diesem herrlichen Anblick. Hinter mir spazierte eine Kapelle. Die Käpt'n Kümos Marching Band unter der Leitung von Rainer Prüß sorgte für passende akustische Akzente. Hätte ich mich bewegen können, hätte ich getanzt. Die Musik ging wirklich in die Beine. Überall sah ich lachende Gesichter, die Menschen jubelten und winkten mir fröhlich zu. Hach, war das schön!
Sogar der Verkehr wurde für mich angehalten, sonst wäre ich kaum die Friesische Straße hinaufgekommen. Verkehrspolizisten regelten das. Danke, Jungs! Ja, ich war ein Star. Eine Berühmtheit. Ich hatte den Gipfel erreicht. Dass es von da aus nur noch bergab gehen konnte, darüber machte ich mir keine Gedanken. Ich genoss den Erfolg und dachte nicht an morgen. Am Rathaus angekommen begrüßte mich der Oberbürgermeister Hermann Stell und wies mir höchstpersönlich meinen Platz zu.

Von da an stand ich auf dem Vordach des Rathauses. Es war perfekt für mich, als wäre es extra für mich erschaffen worden. Ich fühlte mich sehr wohl. Die Aussicht wurde nie langweilig. Nach einer Weile aber wurde ich wieder heruntergeholt. Leider. Niemand sagte mir den Grund. Hatte ich etwas falsch gemacht? Eine Zeit lang lebte ich in einem Lager, unbeachtet und allein, nur mit den Erinnerungen an meine großen Erfolge und der Enttäuschung über meinen kläglichen Absturz.

Mit lauter Musikbegleitung und in einer feierlichen Prozession fährt das Nashorn zum Flensburger Rathaus.

2009 aber hatte ich ein unerwartetes Comeback! Ich wurde entstaubt und durfte zurück auf das Vordach, zurück zu meinem Rathaus. Stolz, mit hoch erhobenem Kopf, reckte ich mein Horn wieder in die Flensburger Luft. Die Flensburger freuten sich. Ich auch.

Unsere Freude währte knapp zwei Jahre. Dann kam ein neuer Oberbürgermeister, dem ich ein Dorn im Auge war. Dabei habe ich ihm nichts getan. Ehrlich! Er meinte, ich hätte keinen Bezug zu dieser Stadt und passe daher nicht zum Rathaus. Zudem würde ich unnötige Kosten verursachen, weil regelmäßig geprüft werden müsse, ob ich noch sicher befestigt sei. Nun, über Geldverschwendung der Stadt ließe sich trefflich diskutieren, doch das gehört wohl nicht hierher.

Mit dieser Entscheidung jedenfalls begann mein Stern zu sinken. Ich wurde zum zweiten Mal von meinem Platz geholt und auf diese Koppel gebracht. Aufs Altenteil. Dabei fühle ich mich noch nicht alt. Im Gegenteil, ich fühle mich stark und jung. So ganz kann ich auch nicht glauben, dass mein Dasein hier enden soll.

Dafür bin ich zu ... besonders für diese Stadt. Zu einzigartig. Sie werden sich irgendwann an mich erinnern.

Oder?

Was meinst du, Junge?

Du glaubst auch, dass dies hier nicht meine letzte Station bleiben wird, nicht wahr? Ich danke dir!

Sieh nur, der Himmel reißt auf. Ist es nicht ein herrlicher Anblick, wenn ein einzelner Sonnenstrahl alles um sich herum zum Glühen und Leuchten bringt?

Was sagst du, Junge? Es sieht aus, als stünde ich plötzlich im Scheinwerferlicht einer Bühne? Oh, danke. Wer weiß, vielleicht ist das ein Zeichen. Ich hoffe es sehr.

Du musst gehen? Tja, war nett, mit dir zu plaudern, vielleicht sieht man sich mal wieder. Ach, und danke fürs Zuhören. Tschüs!

# Nachwort

Wenn Sie hier angelangt sind, ist es mir offenbar gelungen, Sie auf eine unterhaltsame Zeitreise durch das Flensburg der letzten 50 Jahre des 20. Jahrhunderts mitzunehmen. Das freut mich!
Vielleicht haben Sie hin und wieder geschmunzelt, zustimmend genickt oder mit einem kleinen zufriedenen Seufzen gedacht: „Ja, genau so war es damals!“ Wenn dem so ist, dann habe ich mein Ziel erreicht. Ich habe Sie unterhalten und für einige Zeit aus dem Alltag herausholen können. Das ist der größte und schönste Lohn für einen Autoren.
Sollte Ihnen diese kleine Lektüre gefallen haben, halten Sie mit Ihrer Meinung nicht hinter dem Berg. Sagen Sie es ruhig weiter.

Darüber würde ich mich sehr freuen.

Herzlichst
Britta Bendixen

# Weitere Bücher aus der Region

**Flensburg – Die Fördestadt**
Thomas Raake
Farbbildband deutsch / english / español, 64 Seiten
ISBN 978-3-8313-2761-4

**Flensburg - Gestern und Heute**
Brigitte Cleve,
Thomas Raake (Fotograf)
72 Seiten, zahlr. farb. u. schw.-w. Fotos
ISBN 978-3-8313-2250-3

**Aufgewachsen in Flensburg in den 40er und 50er Jahren**
Brigitte Cleve
64 Seiten, zahlr. Farb- und S/w- Fotos
ISBN 978-3-8313-2014-1

**Aufgewachsen in Flensburg in den 60er und 70er Jahren**
Brigitte Cleve
64 Seiten, , zahlr. Farb- und S/w- Fotos
ISBN 978-3-8313-2394-4


Wartberg Verlag GmbH & Co.KG
Im Wiesental 1 34281 Gudensberg
www.wartberg-verlag.de

Bücher für Deutschlands Städte und Regionen
Tel. 0 56 03 - 93 05 0
Fax. 0 56 03 - 93 05 28